Dass der Dichter, Maler und Satiriker Robert Gernhardt zeitlebens ein großer Reisender war, bezeugen viele seiner Texte und Zeichnungen. Darüber hinaus hat er seine Erlebnisse und Beobachtungen in diversen Ländern Europas und der Welt in seinen legendären ›Brunnen-Heften‹ dokumentiert. Eine Auswahl dieser Notate wurde nun erstmals zusammengestellt und ergibt einen Reiseführer der besonderen Art: Quer zum kosmopolitischen Mainstream rückt Gernhardts scharfer, kluger, teils ironischer, teils melancholischer Blick auf Land und Leute, Architektur und Kunst, Natur und Tourismus beliebte Reiseziele in ein ungewohntes Licht.

Robert Gernhardt (1937–2006) lebte als Dichter und Schriftsteller, Maler und Zeichner in Frankfurt am Main und in der Toskana. Er erhielt zahlreiche Auszeichnungen, darunter den Heinrich-Heine-Preis und den Wilhelm-Busch-Preis. Sein umfangreiches Werk erscheint bei S. Fischer, zuletzt ›Was das Gedicht alles kann: Alles. Texte zur Poetik‹ (2010) und ›Toscana mia‹ (2011).

Kristina Maidt-Zinke, Journalistin und Literaturkritikerin, hat Robert Gernhardts ›Brunnen-Hefte‹ für das Deutsche Literaturarchiv Marbach gesichtet und dokumentiert.

Weitere Informationen, auch zu E-Book-Ausgaben, finden Sie bei www.fischerverlage.de

ROBERT GERNHARDT

HINTER DER KURVE

REISEN 1978–2005

HERAUSGEGEBEN VON
KRISTINA MAIDT-ZINKE

FISCHER Klassik

MIX
Papier aus verantwortungsvollen Quellen
FSC® C083411

Erschienen bei FISCHER Taschenbuch
Frankfurt am Main, Oktober 2014

Satz: pagina GmbH, Tübingen
Druck und Bindung: CPI books GmbH, Leck
Printed in Germany
ISBN 978-3-596-90510-2

Unsere Adressen im Internet:
www.fischerverlage.de
www.fischer-klassik.de
www.robertgernhardt.de

VORWORT

Der Weg ist das Ziel,
und wenn sich keiner mehr bewegt,
ist das Ziel auch weg.

Robert Gernhardt

Als Robert Gernhardt 1988 aus fast zehnjähriger »Notiererei« das Resümee zog, seine Brunnen-Hefte seien ihrem Wesen nach »reine Bewegung … und kein Ankommen«, hatte er erst ein gutes Drittel der Wegstrecke zurückgelegt, auf der die Hefte ihn begleiten sollten. Die achtzehn Jahrgänge, die noch folgten, bestätigen jenes frühe Fazit. Und die »Bewegung« ist dabei nicht nur eine Metapher: Müsste unter den vielfältigen Funktionen, die das unliniierte Schreibheft der Marke »Brunnen« für Gernhardt als Dichter, Zeichner, Essayisten, Publizisten, Ideensammler und Tagebuchschreiber in Personalunion erfüllte, eine einzige benannt werden, die den Charakter des 675 Hefte umfassenden Notat-Œuvres am besten wiedergibt, dann wäre es die des Reisejournals.

Ortswechsel prägten die Biographie des Autors von Anfang an. In Reval geboren, auf Umwegen in Göttingen gelandet und dort aufgewachsen, nach Stuttgarter und Berliner Studienjahren (mit ersten »Bildungsreisen« nach Italien und Griechenland) in Frankfurt am Main und in der Toskana heimisch geworden, war Robert Gernhardt während seines gesamten Künstlerlebens vorwiegend unterwegs – als Pendler zwischen dem deutschen und dem italienischen Wohnsitz, auf Lesetourneen und anderen berufsbedingten Reisen, aus privaten Anlässen und zwecks Erkundung der Welt, die ihn, den hellwachen Sinnen- und Geistesmenschen, in all ihren Erscheinungsformen und Merkwürdigkeiten interessierte, oftmals irritierte und zum ironischen Widerspruch reizte, vor allem jedoch zu unentwegter Text- und Bildproduktion inspirierte. Hatte er ein Reiseziel erreicht, blieb er auch dort meist in Bewegung, beobachtend, Stoff sammelnd, Eindrücke sortierend, registrierend und zugleich reflektierend, was ihm auffiel.

Seit 1978 war ihm das Notatheft samt Kugelschreiber, ein aus heutiger Sicht schon antikes Instrumentarium, auf Reisen wie im Frankfurter Alltag zum unentbehrlichen Utensil geworden. Das heißt freilich nicht, dass er Reiseberichte nach konventionellem Verständnis hinterlassen hätte. Seine »Buchführung«, daheim wie in der Fremde, bleibt trotz ihres staunenswerten Detailreichtums stets unsystematisch, spielerisch und mit dem Zufall im Bunde, also beweglich im weitesten Sinne: Sie springt hin und her zwischen Wahrnehmung und Assoziation, Analyse und künstlerischer Verarbeitung, verweigert sich dem chronistischen Prinzip ebenso wie dem der Vollständigkeit. Allein nach subjektiven und situativen Kriterien erhält das Erlebte sein Gewicht, wird mit früheren Erfahrungen verknüpft, poetisch oder satirisch umgestaltet oder einfach im Arbeitsspeicher abgelegt.

Das hat zur Folge, dass in den Reisenotizen, die im vorliegenden Band versammelt wurden, die bereisten Länder sehr unterschiedlich zur Geltung kommen, sowohl vom Umfang des Materials als auch von den Textarten und der thematischen Perspektive her. Streiflichtartige Impressionen wechseln ab mit langen Essays, minimalistische Aperçus mit Szenen, Gedichten und Erlebnisprotokollen. Manchmal blieb unterwegs reichlich Muße zum Notieren und Zeichnen, manchmal war die Zeit knapp. Zuweilen ist es der Anlass der Reise, der die Blickrichtung bestimmt und die Aufzeichnungen filtert, häufig sind es ausgeprägte Interessen des Autors (insbesondere Architektur, Kunstmuseen und wild lebende Tiere); dann wieder wird seine Aufmerksamkeit spontan von Gegenständen oder Zuständen angezogen, die der Reise nachträglich ein Thema geben, sie in einen Kontext stellen.

Auf diese Weise entstand zwischen 1978 und 2005 in den Brunnen-Heften ein Gernhardt'sches Weltpanorama, von dem ein Teil in das publizierte Werk eingeflossen ist, der größere jedoch hiermit erstmals an die Öffentlichkeit gelangt. Der Band stellt die Texte der – zum Teil mehrfach – bereisten Länder nicht in chronologischer Abfolge vor, sondern in einer gedachten geographischen Linie, die von Estland, dem Ort der familiären Wurzeln des Künstlers, ausgeht und zunächst in ostwestlicher Richtung durch Europa, dann nach Amerika, Asien und Afrika führt, so dass sich eine virtuelle Route um die Welt ergibt. Die Notate von einem mehrmonatigen Rom-Aufenthalt und von den Reisen – vornehmlich Lesereisen – innerhalb Deutschlands sind aufgrund ihres speziellen Charakters und der Menge des Materials in dieser Zusammenstellung nicht enthalten.

Die Zeitspanne, in der Robert Gernhardt seine Auslandsreisen unternahm, war diejenige, in der Dörfer, Städte, Landschaften in aller Welt ihr Gesicht nachhaltiger veränderten als in Jahrhunderten zuvor, was nicht zuletzt den Auswirkungen einer demokratischen Errungenschaft namens Massentourismus geschuldet war. Als der Autor begann, seine Brunnen-Hefte zu füllen, hatte die zweite große Reisewelle nach dem Krieg längst Orte und Territorien erfasst, von denen die Wirtschaftswunder-Generation noch nicht einmal geträumt hatte. Von dieser Welle war eine neue Publikumsschicht erfasst worden, jene neoromantisch gestimmten Individualreisenden, die den

Neckermann-Urlaub verachteten und das dezidiert Untouristische, Authentische und Ursprüngliche suchten, das unkorrumpierte Idyll mit Meerblick, gern auch mit funktionsfähiger Dusche und kulinarisch ergiebiger Fischerkneipe, kurzum: mit all den Attributen, die Gernhardt unter dem Begriff »Ort der Orte« subsumiert (siehe Seite 200 ff.). Es war die Ära, in der Deutsche ausschwärmten, um gefährdete Kulturräume zu »retten«, indem sie toskanische oder provençalische Bauernhäuser zu Spottpreisen aufkauften und mit Naturmaterialien renovierten, während dort, wo sie herkamen, aber auch dort, wo ihre weniger anspruchsvollen Landsleute hinreisten, profitsüchtige Bauwut unbehelligt ihr Unwesen trieb.

In den Aufzeichnungen aus seiner toskanischen Zweitheimat (*Toscana mia*, Frankfurt 2011) befasst sich Robert Gernhardt wiederholt mit dieser Konstellation und dem darin verborgenen Dilemma, in das er selber verstrickt ist. Und so begegnen wir ihm auch in seinen Reisenotizen immer wieder als Kulturkritiker, der auf den Ausverkauf der Welt und auf die Begleitsymptome der touristischen Globalisierung mit dem scharfen Blick des Satirikers, zugleich aber mit der Wehmut des empfindsamen Reisenden reagiert – und der sich selbst, mit seinen Sehnsüchten und Verblendungen, seinen Bedürfnissen und Gewohnheiten, als Teil des Problems begreift. Daraus ergeben sich hochkomische Situationen, glasklare Erkenntnisse und melancholische Einsichten. Nebenpfade, zumal die Museumsrundgänge des Malers Gernhardt als komprimierte Lehrstunden einer etwas anderen Kunstbetrachtung, führen in traditionelle Reservate der Kulturreise und leuchten sie neu aus.

Wer mit Robert Gernhardt reist, dem werden die Augen geöffnet für vieles, was ihm bei der eigenen Welterkundung bisher entgangen sein könnte. Ganz im Sinne des 1985 entstandenen

Gedichts »Hinter der Kurve«, das dem vorliegenden Band den Titel gab und dessen erste Strophe lautet:

Was hinter jener Kurve ist –
Ich weiß es nicht.
Du weißt es nicht.
Es rauszufinden ist die Pflicht,
Die uns das Schicksal zugemißt.

München, im Mai 2012
Kristina Maidt-Zinke

Wenn einer keine Reise tut,
dann kann er nichts erzählen.
Wenn einer keine Liebste hat,
dann kann er niemand quälen.

Wenn einer keinen Hammer hat,
dann hat er nichts zu klopfen.
Wenn einer keine Mäuler hat,
dann hat er nichts zu stopfen.

Wenn einer keine Brüder hat,
dann hat er nichts zu schwestern.
Wenn einer keine Ostern hat,
dann hat er nichts zu western.
Wenn einer keine Götter hat,
dann hat er nichts zu lästern.

(1989)

»Ein unschuldiger Sport, dieses Erinnern«

Estland 1993

Esk
männl,
Esk
wabl.

WO IST DAS ALTE, WÜRDIGE REVAL GEBLIEBEN?

Reise nach Reval – wieder mit Frau und Mutter. Es ist die zweite Frau, und die Mutter kommt zum zweiten Mal nach der Umsiedlung wieder in die Heimatstadt, und wieder sind plusminus 27 Jahre vergangen: 1939–1966, 1966–1993.
Muttchen hat bestimmte Vorstellungen von dem, was sie diesmal sehen will; heute sollte es Lodensee sein, eine – die letzte – Sommerfrische der Familie. Nicht einfach zu finden: Die Ortsbezeichnungen sind natürlich alle estnisch – welcher volltönende Orts- bzw. Arealname könnte Lodensee gewesen sein? Tante Ebba hatte dort einmal gezeichnet, jetzt lieferte die stark idealisierte Zeichnung das Material zur Rekonstruktion. Das könnte das alte Fischerhaus auf ihrer Zeichnung gewesen sein, das der tote Bau, das dort das Meer und die Steine – und so weiter, bis zu einem Schuppen voller Fischernetze: Die hingen bei Tante Ebba noch draußen.
Ein unschuldiger Sport, dieses Erinnern und Wiedererkennen bzw. Wiedererkennenwollen, der geradezu heitere Züge annehmen kann, wenn eine junge, des Deutschen sehr mächtige estnische Reiseführerin eine Stadtführung für alte baltische Damen macht und manches nicht so recht weiß: Da zur Linken soll früher ein Lokal gewesen sein, ein etwas berüchtigtes Lokal, und die alten Damen rufen unisono, das sei die »Schwarze Katz« gewesen.
Aber nicht nur die alten Damen erinnern sich ihrer Jugend, auch ich erinnere mich, meiner ersten Reise und all dessen, was ich seither über Reval erzählt habe. Eine Hansestadt wie Lübeck, nur noch nicht vom Kommunismus zerstört, ur-

deutsch, sehr nordisch – und dann gehe ich mit L., die das alles von mir gehört hat und nun ein Kleinod der Backsteingotik erwartet, in die Altstadt und begreife mich und die Welt nicht mehr. Wo ist das alte, würdige Reval geblieben? Hat es das vor 27 Jahren überhaupt gegeben?
Diesmal jedenfalls springt nicht die Hansestadt ins Auge, sondern vor allem die Stadt des ehemaligen Ostblocks und, dahinter aufscheinend, die Stadt, die etwas undefinierbar Östliches hat, wobei dieser Osten durchaus europäisch ist, nur eben nicht Lübeck, sondern eher Laibach, Witebsk, St. Petersburg. So ist auch Halva, der türkische Honig, gereist, in einem Bogen von der Türkei über den Balkan, Rußland in die ehemals russischen Kolonien Estland / Finnland.
Hatte mich beim ersten Besuch (Juni, sonnige Tage) das Leere, Entrückte, Stille an deutsches Mittelalter denken lassen, so sehe ich nun – unter ähnlichen Umständen – vor allem das Gewagte dieser Stadtmelange, das Unseriöse einzelner Bauten, das Undefinierbare der gesamten Bau- und Lebensgesinnung. Dauernd muß ich mich bei L. entschuldigen; zu meiner Entschuldigung sage ich nur, dieser erste Abendspaziergang habe uns lediglich einen kleinen Blick in die Stadt werfen lassen – vielleicht finde sich das Reval meiner Erinnerung in Bezirken, die wir noch nicht betreten haben.
Die estnische Reiseführerin: »Rechts der Schornstein des Kraftwerks, nicht gerade eine Verschönerung.« Die alten baltischen Damen im Bus: »Von dem hat man uns schon 1930 versprochen, daß der wegkommen soll.«

*

Geht oder fährt man durch Reval, sieht man häufig halbierte oder demolierte Monumente. Im Vorbeifahren weist die Reiseführerin auf eine durchbrochene Zementkrone hin und sagt,

darin hätten sich ca. 15 Bronzefiguren befunden, um an den Volksaufstand von 1924 zu erinnern: Der Volksmund habe gesagt, das sei das einzige Denkmal eines Volksaufstandes, auf welchem auch alle Teilnehmer verewigt worden seien.
Gegenüber der Stadtbibliothek steht ein Monument mit sehr verblaßten Lettern, schaut man näher hin, wird deutlich, daß die Bronze-Buchstaben entfernt worden sind und nur noch als Rost- bzw. Schmutzabdruck weiterexistieren, vermutlich nicht mehr allzu lange.
Andere Monumente, z. B. eines auf dem Domberg, das das Vollrelief eines Herrn mit Brille zeigt, sind teilweise entfernt worden – d. h., die Tafel, welche an die Verdienste dieses Herrn erinnerte, wurde entfernt, so daß dessen intensives Dräuen etwas sehr Rätselhaftes, ja Unsinniges bekommt. Wieder anderswo, an der Fassade einer Wohnanlage aus der Stalinzeit, fehlt eine Figur, die einst die zentrale Nische geschmückt hat – den Sowjetstern, der das Ganze und eine herzlich sinnlose Laterne krönt, hat man gelassen.
Auch in Dorpat läßt man sich Zeit: Dem Reliefschmuck eines klassizistischen Hauses am Rathausplatz sind Hammer und Sichel hinzugefügt und bisher nicht wieder entfernt worden.
Das alles hat natürlich mit den Russen zu tun und mit deren Version der estnischen Geschichte nicht nur dieses Jahrhunderts.
Unbegreiflich bleibt dem leidlich informierten Flaneur, wie wenig die Russen nach ca. 260 Jahren fast ununterbrochener Herrschaft hinterlassen: Einige Gerichte auf der Speisekarte, französischen Kognak und andere Alkoholika – aber sonst? Keine Produkte, keine Lieder, keine Bilder, gar Inbilder; es ist, als hätte es sie hier nie gegeben. Sieht man mal ab von stalinistischer Architektur, die langsam bröckelt, Olympia-

Architektur (Segel-Olympiade), die rasch zerfällt, und von zwei Abscheulichkeiten: der Alexander-Newski-Kathedrale auf dem Domberg, in den 90ern des 19. Jahrhunderts als Beweis russischer Ansprüche mitten ins deutschbaltische Adelsviertel gepflanzt – und dann gibt es noch das Befreiungsdenkmal auf dem Wege nach Brigitten, eine Zementschlacht und die abstruseste Lösung des Problems: Wie mache ich mich als Besatzungsmacht so unbeliebt wie möglich.

*

L., aus dem Fenster des Hotels Viru in Reval hinausschauend: »Ein größerer Rassismus ist hier wohl nicht zu verzeichnen.« Ich: »Mangels Rasse.«

DIE ZIEMLICH UNWAHRSCHEINLICHE GESCHICHTE VOM STUHL DES KONSUL STRÖHM

Wir besuchen das Revaler Stadtarchiv, die estnische Reiseführerin hat uns diesen Besuch ermöglicht, nimmt jedoch nicht teil.
Wir – L., meine Mutter und ich – haben uns einer Reisegruppe angeschlossen, der Besuch hat sich also so ergeben. Die Mutter ist eine geborene Ströhm, der Vater hieß Arthur. Ich bin im dritten meiner drei Namen nach ihm benannt: Robert Johann Arthur. Sein Foto hat mein Leben begleitet; er war ein, so scheint es, strenger, wacher Mann, erfolgreich als Verlagsbuchhändler, mehrfacher Hausbesitzer, Jahrgang ca. 1860, in seiner Jugend Mitglied der Schwarzhäuptergilde, einer Vereinigung von unverheirateten Kaufleuten, die tief ins Mittelalter zurückreicht und sogar heute noch in Westdeutschland weitergeführt wird. Wer heiratete, verließ die Schwarzhäupter und

ihr Gildehaus und wurde – automatisch! – Mitglied der Großen Gilde, auch mein Großvater ging diesen vorgeschriebenen Weg – wenn er zwischen 20 und 30 geheiratet hat, muß er etwa 1890 der Großen Gilde beigetreten sein. Meine Mutter, dies als Eckdatum, wurde mit ihrer Zwillingsschwester 1904 geboren, sie waren die Jüngsten, die sogenannten Strömlinge (ein kleiner Fisch, angeblich der Wappenfisch der Ströhms, die in der Tat drei solcher Fische im – wie alten? – Wappen führten).

Der Archivar führt die Gruppe durchs Archiv, neben L., Muttchen und mir auch D. (Enkelin von Arthur Ströhm), H., ihre Schwester (dito), und deren Ehemänner. Im Vortragssaal setzen sich einige auf die stoffbezogenen Allerweltsstühle, D., F. und ich wählen je einen der Stühle, die längs der Wand stehen, drei davon mit, zwei ohne Lehne.

Der Archivar, ein jüngerer Este, der ein hervorragendes Deutsch spricht, erklärt die Baugeschichte der Archivgebäude und zeigt dann auf die Stühle: »Keine gewöhnlichen Stühle, das sehen Sie am Emblem, das sind Stühle aus dem Schwarzhäupterhaus« – alle tragen in der Tat den Schwarzhäupterkopf. »Und«, fährt der Archivar mit einer gewissen Vorfreude fort, »die Stühle gehörten nicht irgendwem, die Namen sind auf ihnen vermerkt« – er dreht einen der drei Lehnstühle um, hinten ist der Name Reinhard Witte eingeschnitzt. »Die Wittes waren ein wichtiges Revaler Geschlecht«, sagt der Archivar, und Muttchen sagt: »Natürlich, die Wittes.«

Neugierig dreht darauf H. den zweiten Lehnstuhl um, und da passiert das Unglaubwürdige: Auf der Rücklehne des Stuhls ist der Name Arthur Ströhm eingeschnitzt. Einige Aufregung, einiges Hin und Her an Fotos und Ausrufen, dann stellen sich neue Fragen:

Die Stühle sind aus dem ersten Viertel dieses Jahrhunderts,

jedenfalls legt ihr Stil dies nahe – da aber war Arthur Ströhm nicht mehr Junggeselle, ergo auch nicht mehr Mitglied der Schwarzhäupter. Hatten sich die Sitten seither derart gelokkert, daß auch verheiratete Mitglieder noch im Haus verkehren durften? Oder waren die Namen Hinweise auf Stuhl-Stiftungen?
Doch schließlich bringt das Staunen solche Fragen zum Verstummen: Der Archivar berichtet, Inventar dieser Art, ob aus dem Schwarzhäupterhaus oder – er zeigt auf zwei Hocker – aus dem ersten estnischen Parlament, seien irgendwann nicht mehr modern, also auch nicht mehr gewünscht gewesen, man habe solche Möbel weggeworfen. 1939, spätestens 1944 gab es keine Deutschen mehr in Reval, also auch keine Schwarzhäupter. Von wie vielen Stühlen der Schwarzhäupter überlebten wie viele? Jedenfalls fanden besagte fünf ihren Weg in die Sicherheit, das Stadtarchiv, vier von ihnen benamst. Und ausgerechnet einer der drei Lehnstühle trägt den Namen meines Großvaters! Was sagen wir denn dazu?
So wenig wie möglich. Wir teilen unsere Erregung dem Archivar mit, der erlebt Minuten intensiver Geschichtlichkeit, als die 89jährige Tochter des Konsuls auf dem ca. 70jährigen Stuhl ihres Vaters Platz nimmt und sich da ablichten läßt, wo früher nach menschlichem Ermessen keine Frau sitzen durfte.
Denkspiel: Alles könnte natürlich auch Teil eines raffinierten Ränkespiels sein. Dem Archivar werden rechtzeitig die Familiennamen der zu erwartenden Gäste mitgeteilt, und er gibt der Werkstätte den Auftrag, Erinnerungsstücke nach Informationen des Archivs herzustellen – vom Ehrenstuhl bis zum Schulzeugnis. Die läßt er die Töchter / Söhne / Enkelinnen / Enkel »zufällig« finden, um sodann, nachdem die Freude und das Erstaunen sich gelegt haben, mit einer Klage zu beginnen, die

knappe Lage des Archivs betreffend. Fazit: Man könne sich unter Umständen von solchen Erinnerungsstücken trennen, gegen eine Spende natürlich.
Was wäre natürlicher als die freudige Zustimmung der Gäste: Großvaters Schwarzhäupterstuhl in den eigenen vier Wänden zu haben samt der unbezahlbaren Fund- und Erwerbsgeschichte – wäre das nicht lumpige drei- bis fünftausend Mark wert?

KEINE OBSTBÄUME MEHR IN KAMBJA

Mit Fahrer machen wir uns auf die Suche nach Kambja, dem Kamby der Erzählungen, dem Gutshaus der väterlichen Linie, ca. 200 Kilometer von Reval und 15 von Dorpat entfernt. Da der Fahrer sich verfährt, wird es etwas aufregender – eigentlich ist der Ort leicht zu finden, man fährt von Dorpat einfach Richtung Vöru. Muttchen: »Es ist zwar peinlich, in Vöru geboren zu sein, aber nicht zu ändern.«
Wir dagegen waren eine Straße zu früh abgebogen, nach etwa 10 Kilometern umgekehrt, bogen wir wieder in die verlassene Straße ein, sahen kurz darauf das Schild Kambja. Muttchen, auf einen Laden deutend: »Das ist der Körz, da durften wir nicht hin, hier muß es gleich sein«, und da war's auch schon, nahe der Straße gelegen, ein renoviertes Gutshaus, gelb-weiß, davor ein Rondell mit Rosen, alles umstanden von alten Bäumen, alles in allem ein rechtes Inbild von Ländlichkeit, Behäbigkeit, Herrschaftlichkeit.
Drumherum zerfallene Stallungen, jedenfalls vom Zerfall bedrohte, aus den Bäumen einer Anhöhe ragt ein Kirchturm, der renoviert wird. Ein See, der früher zum Gut gehört hat, ältere und moderne, kastenförmige Häuser – das alles liegt

sehr locker zerstreut in einer anmutigen Gegend, gehügelt und grün, Laubbäume und Kiefern.
Im Gutshaus ist heute das Rathaus, 1989 hat man das alles renoviert und mit schmiedeeisernen Überdachungen versehen, auf einer steht: Kambja 1989.
»Die alte Eingangstür«, sagt Muttchen, »links war der Saal.« Der ist da immer noch, aber abgeschlossen. Hinterm Haus: keine Obstbäume mehr, viel Wiese, bis zum See – da sei die Terrasse gewesen.
Sehr feudal, sagt L., doch Muttchen rückt zurecht: Sehr kalt im Winter, Mamma Minna habe immer nach Dorpat umziehen müssen. Die schweren Zeiten im Krieg: Die Jungs hätten sich mit Grütze über Wasser halten müssen. Nach der Enteignung sei ohnehin kein Auskommen mehr gewesen, wie denn auch, mit so wenig Land.
Ich denke an das alte Foto, das die Familie vor dem Rondell postiert zeigt, der Vater trägt eine Art Reformkleidung, im Hintergrund das Haus. Nun, in einer Art Überblendung, nehmen Muttchen und ich an etwa gleicher Stelle Haltung ein und lassen uns von L. ablichten. Ein weiteres Foto dieser Art wird es nicht geben können, mangels Nachwuchs, und ob der, hätte es ihn gegeben, noch mal den weiten Weg gemacht hätte, ist doch mehr als fraglich.

AUF REISEN – ODER NIE – LERNT MAN ES, ANSPRÜCHE ZU STELLEN

»Nein, ich hätte gern ein Zimmer mit Meeresblick.«
»Haben wir leider im Moment nicht.«
»Wann wird eins frei?«
»Vielleicht Sonntag.«

»Kann ich damit rechnen?«
»Fragen Sie Sonntag vormittag an der Rezeption. Nein, besser nachmittag.«
Dann heißt es sich einen Ruck geben und fragen. Der Umzug klappt, doch nun stören Straßenbahnen. Wird man sich an die gewöhnen? Oder abermals um ein neues Zimmer bitten, diesmal ohne Meeresblick, aber ruhiger?
Jede Frage kann schließlich abschlägig beschieden werden, und jede Verweigerung ist eine Kränkung. Wer will die schon riskieren? Also gar nicht erst fordern, sondern die ganze Woche nicht auf Meer und Altstadt blicken?
Weitere Aufgaben:
Die Musik im Frühstücksraum ist zu laut. Darum bitten, sie leiser zu stellen, oder einfach schneller frühstücken?
Der Taxifahrer fordert einen unverständlich hohen Preis für die gewünschte, kurze Strecke. Weitersuchen, oder die Summe von 40 Eestikronen zahlen, obwohl dieselbe Fahrt am Vortage 6 Kronen gekostet hatte? (Wir bestellten ein Taxi zum Hotel, das dann 18 Kronen kostete, wegen Telefonzusatzgebühr und weil der Fahrer einen – wie wir meinten – unsinnigen Bogen gefahren war. Erst später stellte sich bei genauer Betrachtung der Verkehrslage vor dem Hotel heraus, daß der Fahrer sich korrekt, der billige Fahrer vom Vortage jedoch verkehrswidrig verhalten hatte.)
Im Panoramascheibenseeblick-Lokal ist abgedunkelt worden, da die tiefstehende Sonne blendet. Allerdings sind die Ziehharmonika-Jalousien auch da geschlossen, wo die Sonne nicht scheint. Auf der Aussicht bestehen? Die Ober verstehen die Bitten nicht. Selber tätig werden?
Die Steigerung solcher Fragen ergibt sich durch den einfachen Umstand, daß ein Paar (oder eine Dreiergruppe) sich ihnen stellt – oder auch nicht.

A: Die Musik ist ziemlich laut.
B: Findest du?
A: Du nicht?
Beide frühstücken.
A: Na ja, morgen sind wir ja weg.
B: Aber laut ist sie heute, die Musik.
A: Findest du?
B: Hast du gefunden, grad eben.
A: Dir ist sie nicht zu laut?
Beide frühstücken.
B: Wenn dir die Musik zu laut ist, sag es bitte. Aber sag es nicht mir, sondern dem Typen, der die Zimmernummern am Eingang kontrolliert.
A: Ich bin ja gleich fertig.
B: Aber ich nicht. Ich möchte in aller Ruhe frühstücken!
A: Das nennst du ruhig?
B: Deine Hetze?
A: Nein. Die Musik.
Beide frühstücken.
B: Du meinst also, ich soll darum bitten, daß die Musik leiser gestellt wird.
A: Wie kommst du denn jetzt darauf?
B: Warum sagst du mir sonst, daß die Musik zu laut ist?
A: Vielleicht wollte ich nur etwas Solidarität. Oder etwas Bestätigung. Wenn man etwas feststellt, dann heißt das doch nicht gleich, daß man etwas ändern will.
B: Man nicht. Man hält sich raus. Man sagt das nämlich nur, damit der andere das Gefühl bekommt, er müßte jetzt was tun.
A: Aber jetzt mach mal einen Punkt! Wenn ich sage: Die Serben verhalten sich vor Sarajewo verbrecherisch – dann heißt das doch nicht, daß du etwas dagegen tun solltest!

B frühstückt.

A: Oder wenn ich sage: Schrecklich, diese Tornados in Florida.

B frühstückt.

A: Oder wenn ich sage: Die Musik ist ziemlich laut.

B: Findest du wirklich, daß das drei vergleichbare Aussagesätze sind?

A: Du nicht?

Beide frühstücken. A verdreht leidend die Augen, als die Musik, die für einen Moment ausgesetzt hat, wieder beginnt.

B wirft wütend die Serviette hin und geht zum Mann hinter dem Schalter. Der sagt ihm, er werde veranlassen, daß die Musik leiser gestellt werde. B kehrt zum Tisch zurück.

A trinkt die Kaffeetasse leer und steht auf.

B: Was soll das? Wo ich gerade darum gebeten habe, die Musik leiser zu stellen.

A: Ich habe dich nicht darum gebeten, das zu tun, also auch keine Lust, dir in fortwährender Dankbarkeit gegenübersitzen zu müssen. Außerdem bin ich nicht nach X gekommen, um endlos zu frühstücken. Ich will schließlich auch was von der Stadt sehen.

Was tut B? Ist die gemeinsame Reise noch zu retten?

Die beiden wollen einchecken, etwas zu langsam, denn bevor sie den Schalter der Economy Class erreichen, stellt sich da bereits eine Gruppe lärmender Amerikaner an. Daneben, bei der Business Class, dagegen: kein Klient.

Wer der beiden kommt auf die Idee, es dort zu versuchen? Wer führt die Idee aus?

»Die alten Kinderfragen«
Österreich 1989, 1992, 1996, 2000, 2001

Der schöne Mann im Griensteidl

INNSBRUCK: MINDERMALER UND CHINESEN

Im Tiroler Landesmuseum mal wieder die ziemlich unwiderlegbare Gewißheit, daß die Jahre zwischen 1830 und 1890 zu den erfreulicheren der Malerei gehört haben, und das weltweit.
Durchschreitet man nämlich die Säle, die vom Mittelalter bis heute ausschließlich Mindermaler versammeln, so werden die Nachteile der jeweiligen Zeitstile grausam deutlich: Das Hölzerne der gotischen Malerei, das formelhaft Dumme der Barockmalerei, die sagenhafte Uninspiriertheit und Unsinnlichkeit des Klassizismus, doch dann, zumal in minderen Sujets, vor allem aber in Landschaften leuchten noch einmal die Suggestionsmöglichkeiten der Malerei auf; all die Techniken und Tricks, die seit den pompejanischen Wandmalereien entwickelt worden sind, um Illusionen herzustellen, zu inszenieren und zu überwältigen, werden noch einmal in den Dienst meist unerheblicher Inhalte gestellt. Wie da ein Herr Unterberger einen Blick auf Amalfi zaubert, das hat schon etwas leicht Wahnsinniges, wie da Vordergrund und Verdämmern mit stets kontrollierbaren, im Detail jedoch unfassbar körperlosen Mitteln hergestellt werden – all das ist ein malerischer Schwanengesang, dem die Nachfolgezeiten nichts an die Seite zu stellen haben: Da nun jeder ein Originalgenie sein muß, ist fortan der Mindermaler zur absoluten Unerheblichkeit verdammt.

(1989)

Lokal in Innsbruck: »China Restaurant Peking, Internationale Küche, Tiroler Bauernkeller«.
Der Taxifahrer, besinnlich: »Da hat man mal gut essa kenna – aber die Tiroler Küch ist zu teuer, der Kines macht's Renna.«

(1992)

WIEN: KAISERSCHÜTZEN UND WUNDERWERKE

Im Café Griensteidl hängt eine große Kopie des Klimtschen »Kusses« – »Gustav Klimt« hieß bereits die Lauda-Air-Maschine, die mich nach Wien brachte –, und je länger ich das Paar betrachtete, desto unabweisbarer die Einsicht, daß sich da ein sehr ungleiches Paar karessiert: Wenn sie aufsteht, überragt sie ihn derart, daß ein Gegenkuß auf ein fast kindlich bemessenes Gegenüber stieße. Wenn sie nicht mehr kniete, müßte er aufschauen.

*

»Die letzten Kaiserschützen aus dem Völkerringen 1914–1918 ihren toten Kameraden RGT Nr 1 Trient Nr 2 Bozen Nr 3 Innichen. Getreu ihrem Wahlspruch ›Sieg oder Tod im Alpenrot‹ starben 502 Offiziere und über 15 500 Mann für das Vaterland.«
(Es liegt in der Natur der Sache, daß die letzten Kaiserschützen diejenigen sind, die die Hunde nicht gebissen haben: Wären sie ihrem Wahlspruch nicht untreu geworden, hätten sie den toten, wahlspruchgetreuen Kameraden keine Gedenktafel in der Votivkirche setzen können.)

*

Allein mit sieben Bildern von Velázquez. Auf mich blicken von vorn 1 Infantin (Maria Teresa), von hinten der König und die Königin, von der Seite 1 König, dreimal Margarita Teresa und ein Infant. Wenig Besucher, daher diese Momente des Alleinseins mit dem Dargestellten, wobei besonders die sprunghaft heranwachsende Margarita Teresa einen sehr lebendigen, etwas unheimlichen Effekt macht: In immergleicher Haltung wird sie von Bild zu Bild älter – das hat etwas von jenen Foto-Sequenzen, in denen jemand den gleichen Gegenstand konstant ablichtet.
Tritt man näher, stellt sich immer wieder das Gefühl ein, daß es besser nicht geht: Besser kann man Stoff nicht malen, die Hand nicht aufliegen lassen, die Informationen nicht reduzieren und zugleich verdichten. Die Folge: Ein gesteigertes Lebensgefühl, eine Kräftigung des Gemüts und des Verstandes, des ersten, weil ihm die Farben und deren Zusammenspiel guttun, des zweiten, weil der die Eleganz der Lösungen als hochbefriedigend empfindet: Da soll ein König gemalt werden, mit allen Insignien der Macht und vor repräsentativem Hintergrund? Der Maler kommt auf die denkbar einfachste, zeitsparendste und bildhafteste Lösung: Roter Vorhang als Fond, winziger Ausblick auf eine Balustrade, Schwert, Handschuh und Zettel als Insignien. Eine Kunst, die Maßstäbe setzt, aus sich selber.
Der Infant ist ein schwaches Bild (ein sehr schwacher Velázquez nota bene): Da hat er den Kampf gegen Quasten und Kleidungsdekor lustlos gekämpft und nach Punkten verloren. Sein Pinsel addiert und führt alle Schlaufen und Schmuckborten mit der gleichen mäßigen Genauigkeit aus. Um so größer das Fest, das er auf dem Bild der jüngsten Margarita bereitet: Ein Wunderwerk an höchstintelligenten Tupfern und Verschleifungen, die evozieren, was er braucht, Haut und Haar, Blume und Seide, Fläche, Rundung und Raum.

Joseph Heintz, Bartholomeus Spranger, Jodocus van Winghe, Hans von Aachen – alles Hofmaler von Rudolf II., eine wenig inspirierte Mannschaft, die ziemlich schamlos die Erfindungen der Vorgänger plündert und zu Dekorationszwecken und Herrscherlob nutzt, würdige Vorgänger der Werber von heute und ihrer Ausbeutung noch des letzten Reizes, den die Trüffelschweine der Hochkunst gewittert bzw. die Bluthunde von Hochkünstlern verbellt haben: Wenn Werbung Kunst ist, was Werber gerne behaupten, dann diese Art Kunst: affirmativ, eklektisch, letztlich langweilig.

Gute Maler, interessante Maler: Mehr und mehr gerät mir Moroni ins Blickfeld; nur Porträts gemalt, doch mit der Pointe, den Dargestellten jeweils bei der Arbeit oder in einem Arbeitszusammenhang zu zeigen. Keine glorreiche Malerei, aber sehr gediegen, zurückhaltend, unaufdringlich genau in der Lichtführung und einfallsreich im Arrangement und in Bezug auf Hintergründe. Auf relativ alte Tage noch einmal eine Entdeckung zu machen, freut die gealterten Augen, und solche Entdeckungen gibt es immer wieder: Terborch, Filippo Lippi. Lorenzo Lotto ist keine Offenbarung, aber ein interessanter Fall. Im Kabinett des Wiener Museums hängen äußerst unterschiedliche Bilder – eins könnte noch vom Lehrer Bellini stammen, eines, eine Predella? ist auf den ersten Blick Florentiner Arbeit, Mitte 15. Jahrhundert, ein anderes Portrait fällt ganz aus der Zeit, ein neusachlicher Jüngling vor weißem Vorhang, ein drittes ist eine wirklich schräge, romantisierende Angelegenheit mit effektvoll doppelter Lichtführung: Was war das für einer? Auf jeden Fall ein Zerrissener: In Venedig zwischen 1470? und 1550 änderte man vielleicht peu à peu seine Manier, aber wer hätte außer L. L. ein derart heterogenes Œuvre geschaffen? (Sag ich mal so, ohne mehr zu kennen als diese sieben, acht Bilder.)

Ferner: Große Bewunderung für Canaletto, der Guardi und Bellotto um Längen hinter sich läßt, und für die beiden Correggios, Ganymed, Jupiter und Io – wenn denn schon erotische Kunst, dann bitte so.

*

Portrait Georg Kronslehner (1883–1930), Gründer des Hotels Regina im Jahre 1890: Der Maler wird nicht genannt. Auch er hat unzweifelhaft ein Herrscherportrait beabsichtigt – warum fällt es so unpersönlich und ein wenig lachhaft aus?
Vielleicht deswegen: Weil diesen Herrschern nicht ererbter und daher geadelter Raub in die Wiege gelegt worden ist, sondern ihnen ins Gesicht geschrieben steht, daß sie selber geraubt haben: Diesem Quadratschädel ist im Leben nichts geschenkt worden.
Natürlich waren alle Herrscher ursprünglich Räuber, und alle Kunst war auch immer darauf aus, das Räuberische so gut es ging vergessen zu machen, durch große Hüte, glänzende Stoffe, funkelnde Steine, großartige Hintergründe – aber es ist schon ein Unterschied, ob man Ganoven der 10. Generation im Zustande einer gewissen Unschuld malt oder einen der ersten Generation aufputzt mit all dem Schnickschnack, der sich zuvor bewährt hatte. Denn unser Held mag zwar vor heroisierender Staffage stehen, sein Habit läßt sich nicht adeln: Sich als Barockfürst zu maskieren, traut er sich denn doch nicht, so was war im Zweifelsfalle den Ehefrauen vorbehalten, so daß er, ungeschickt durch schlechte Balustradenführung deformiert, als das dasteht, was er war: Ein feister Hotelier, dessen wachsamer Blick nicht auf die Geschicke seines Volkes gerichtet ist, sondern darauf, ob das Personal spurt.

*

Stadtführung, englisch.
Hundertwasser-Haus: »House of the hundred waters«.
Denkmäler: Goethe auf seinem Amtssitz. Rechts, stehend, Schiller. »Both lived here in Vienna and wrote a lot of poems.« Der Stadtführer behauptet, Beethoven sei in 20 Jahren 86mal umgezogen: Weil er seine Miete nicht bezahlen konnte oder Ärger mit den Nachbarn wegen nächtelangen Klavierspiels hatte.

*

Mit Tex Rubinowitz im Heeresgeschichtlichen Museum: Es gibt Highlights und Tex-Highlights. Er kultiviert eine Optik, die das Abseitige sucht – und in diesem Museum, sagt er, nicht oft genug findet.
Dabei wimmelt das Museum von Schmankerln: Da gibt es das Auto, in dem der Thronfolger samt Gattin in Sarajevo erschossen wurde. Eine Metalltafel teilt diesen Umstand mit, um sodann mit Details das Auto betreffend fortzufahren: Fabrikat, technische Daten etc.
Dann: Der Uniform-Rock des Thronfolgers mit Loch und sehr, sehr alten Blutflecken. Warum stellt ein Heeresgeschichtliches Museum so etwas aus?
Dann: Geschütze des Ersten Weltkriegs, Test-Metallplatten mit Einschüssen. Oder: Metallunterstände, in die Geschosse eingedrungen sind, gleich einem heißen Messer in eine Butterhalbkugel. Es ist nicht zu glauben, wie weich so ein harter Stoff werden kann, wenn sich ein großes Kaliber in ihn bohrt.
Oder: Ein Notköfferchen, nein, ein Mini-Pack des Militärgeistlichen. Kruzifix, Oblatendose, Weinbehälter, Wasserbehälter, Segnungströdel – lustig. Oder: Kriegsmüll. Granatenreste, verrostete Löffel etc. – einiges auch noch als »Leihgaben«

eines Museums in (?) bezeichnet. Wir überlegen uns die Folgen, falls das Museum seine Leihgaben zurückwill: Das ist nicht Ihr geliehener verrosteter Löffel, das war immer unser verrosteter Löffelbesitz – etc.
Nicht zu vergessen: Payers Polar-Expedition und die Bilder, die der Entdecker des Franz-Josef-Landes anschließend malte, darunter: »Nie zurück!«

(1996)

Er hielt sich für so gering, daß er tiefe Zweifel in Bezug auf die Möglichkeit hegte, in irgendeinem Opernhaus der Welt könne die angekündigte Oper auch dann stattfinden, wenn ausgerechnet er eine Karte erstanden hatte. War er denn so wichtig, daß ein Riesenorganismus wie die Wiener Oper seinetwegen am 5. 12. 2001 präzis 19 Uhr den »Othello« von Verdi würde über die Bühne gehen lassen?
Natürlich nicht, weshalb er es auch vermied, die Probe auf dieses Exempel zu machen, indem er es ganz einfach unterließ, eine Opernkarte zu kaufen.
Kino-Karten: ja. So ein Kino war ja ganz woanders angesiedelt, tiefer, viel tiefer. Und auf dem Niveau konnte er mitreden.

*

Wien – Linz: Da er Vierkanthöfe lediglich vom Zug aus gesehen hatte, war er dem uneingestandenen Irrtum erlegen, alle Vierkanthöfe lägen in Bahndammnähe, weshalb er sich insgeheim darüber wunderte, daß Thomas Bernhard gleich drei solcher Höfe erstanden und ausgebaut hatte. Worin lag der Sinn, ständig der Belästigung durch vorbeirauschende Züge ausgesetzt zu sein?

(2001)

Stifter, Bruckner und Kubin seien die in und um Linz tätigen Künstler gewesen, die noch heute im Ort verehrt und gehegt würden, im Stifter-Haus zum Beispiel, in welchem der Dichter Selbstmord begangen hat.
Außerdem gibt es die Hitlerbauten, eine Art Portal des Hauptplatzes in Richtung Donau und Nibelungenbrücke, offenbar das einzige, was von Hitlers Plänen längs der Donau realisiert worden ist.
Und es gibt in Linz die Wasserapotheke, die einst vom Bruder Beethovens geleitet wurde, einem Mann, der erst in wilder, dann in unglücklicher Ehe lebte, was Ludwig Van derart mißfiel, daß er bei Linz-Besuchen nicht im Bruderhaus, sondern im Hotel abstieg.

*

Glorreiche Heimreise: Im Sonnenlicht des Sonntags Oberösterreich und Niederbayern, Passauer Barock und grenzüberschreitende Donau – Reisen erhebt und bildet –, und da ich dies schreibe, steigt wie zur Bestätigung ein schneeweißer Reiher von der Wiese auf – gibt's so was überhaupt in Deutschland? Silberreiher? Nie gesehen, nie gehört!
Bildet: weil der durch die lange Seßhaftigkeit bereits schwerfällig Gewordene sich auf einmal wieder als Möglichkeitswesen begreift und erleichtert konstatiert, daß er all das noch drauf hat, was seine frühen Reisen zum Erlebnis werden ließ: Anpassungsfähigkeit, Reaktionsschnelligkeit, Initiative. Neue Stadt, neues Glück, weil neue Denksportaufgabe: Was geht hier ab? Wie kriege ich raus, was dieses Gemeinwesen mir sagen, was es verschweigen will?
Bildend ist freilich auch die Beobachtung, wie beim Reisen-

den in Windeseile wieder Gewohnheiten einreißen, bleibt er nur lang genug, also mindestens zwei Tage, an einem Fleck: Schon hat er seinen Zeitungshändler, sein Stammcafé (»Museum«), sein Lieblingskino (»Metro« in der Johannesgasse); nicht auszudenken, was nach einer Woche Wien noch alles dazugekommen wäre: Beizen, Juwelenhändler, Seitenstraßen, Konditoreien, Kirchen, Ausflugsziele etc. Also weiterreisen. Aber nicht überstürzt. Hätte ich den – glücklicherweise vagen – Plan wahrgemacht, bereits einen Tag früher nach Linz zu fahren, ich hätte es bereits bei der Ankunft bereut. Linz mag einen der schönsten »Saalplätze« Österreichs haben, doch der ist nicht einmal abend-, geschweige denn tagfüllend. Ansonsten aber scheint Linz eine wenig attraktive, reichlich ungastliche Stadt zu sein: Das einzige Café, das diesen Namen verdient – rammelvoll; Beizen, Beisln – Fehlanzeige.

(2001)

OBERGURGL, GESCHENKT

Heute, am 24. 8. 2000, hörten wir, der Brenner sei verstopft, und fuhren daher über das Trimmeljoch in einer Höhe von 2500 Metern nach Italien ein, bei prachtvollstem Wetter und bester Sicht. Nur kurz machten wir in Obergurgl Station, einem geisterhaften Hotelkomplex, der erst im Winter zum Leben erwacht. Sommerschlaf. Seltsam unnatürliches Verhalten. Kein Café, kein Tourist: Eigentlich ein unerwartetes Geschenk, so unerwartet, daß wir es gar nicht so richtig zu würdigen wußten, die Stille, den lauen Wind, die klare Luft, die grünen Weiten, die in Fels und Gletscher aufgingen, den Rundumblick. Das alles nahmen wir wahr und priesen es auch, doch erst jetzt, im Tal vor Meran, beim Kaffee im Gasthaus Wiesenhof, seufzen wir fast schuldbewußt: Wie schön es da oben war! Warum sind wir so schnell wieder runtergekommen? (Seufz: 62 Jahre alt – und stellt immer noch die alten Kinderfragen.)

SÖLDEN, EIN ALPEN-ALPTRAUM

Im nördlichen Ötztal haben die Nordtiroler aus ihren – vermute ich – ursprünglich auch sehr würdigen, weil zweckmäßigen Ortschaften ungeheure Fantasy-Alp-Träume gemacht, ein Stilgemisch, das ein wohlmeinender Tom-Wolfe-Schüler als Tiroler Las-Vegas-Variante feiern könnte: Hybrid-Alpenländisches mischt sich mit italienischer Eisdielen-Ästhetik und diffus Nostalgischem in Weiß und Gold. Überdies ist alles mit Werbebotschaften bedeckt, eine auftrumpfender als die andere, aus jedem Hause quellen Souvenirs und Speisen – man kennt derlei Nichtsnutzigkeiten natürlich aus Touristenzentren in aller Welt, bis hin ins Golden Triangle zwischen Thailand, Laos und Burma – und dennoch graust den Empfindlichen jedesmal aufs neue, wenn er in solche Meilen gerät: Haben die denn gar kein Gefühl dafür, was sie sich und anderen mit dieser Kakophonie antun? Mit Sicherheit nicht. Aus der schieren Tatsache, daß die Leute ja kommen, ich, der Nörgler, mit eingeschlossen, schließt der Alpenländler zu Recht, er sei auf dem richtigen Weg. Also mehr davon. Noch mehr Geranien auf die Balkone, noch mehr dunkelgebeiztes Holz vor die Fassaden geblendet, noch mehr Arvenholz an die Schankstubenwände, noch mehr Plüsch auf die Rustikalsessel, noch mehr Gaudi mit »Othmar, dem Unterhaltungsprofi aus dem Brixtal«, der sich denn auch nicht lange mit Pseudofolklore wie dem Achensee-Lied aufhält, sondern, begleitet von seiner Musikmaschine,

europäische Highlights aneinanderreiht, von »Una paloma blanca« bis »Marina, Marina, Marina«.
Ich ging von Sölden aus und bin in Pertisau gelandet, im Krebsgang, doch wie man sich auch dreht und wendet, eigentlich ist ja doch alles eins. Ganz gnadenlos trumpft da überall ein fehlgeleitetes Heimatgefühl auf: Ich bin gut, ich bin toll, ich bin der Anton aus Tirol. (Oder so ähnlich.)

(2001)

»Plastikkegel vor dem Gotthard«
Schweiz 1987, 1988, 1996, 2002

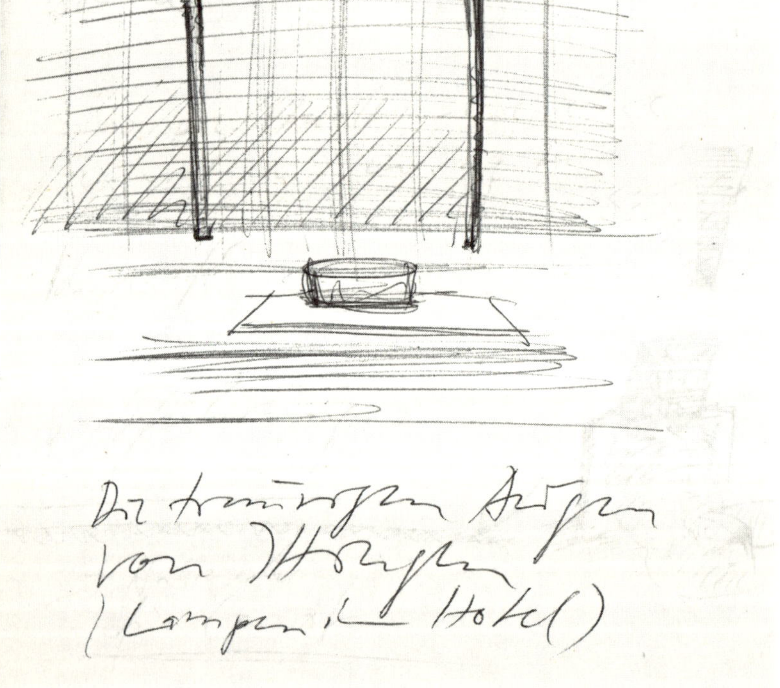
Die traurigen Augen
(Lampen im Hotel)

Die Schweiz: Ein Ausland eigener Prägung. Du (Deutscher) verstehst niemanden, sie (die Schweizer) verstehen alles, was du sagst.

*

In der Buchhandlung von Sils Maria gibt es ca. vier Bücher: Rilke in Soglio / Pilzbestimmungsbuch / Das Oberengadin / Der Witz am Stammtisch.
Im Nietzsche-Haus: Die Kleinkariertheit der Präsentation. Eine Marmorbüste – die erste, die zu seinen Lebzeiten entstanden ist und die er gestreichelt haben soll.

(1987)

In Ittingen erzählen mir Schweizer, die Schweiz sei eigentlich kein guter Boden für Satire, da der Schweizer zum Kompromiß und Ausgleich erzogen werde, was auch in seiner Verfassung zum Ausdruck komme, die keine Personalisierung von Politik und gesellschaftlichen Bewegungen begünstige – so seien beispielsweise die Bundesräte selbst in der Schweiz so gut wie nie bekannt.
Mir fällt dazu ein und auf, daß auch das angehängte »Oder?« die Funktion haben könnte, das Apodiktische und allzu Persönliche jedweder Aussage zu mildern, indem dem Gesprächspartner durch diese Pseudofrage die Möglichkeit einer Pseudoantwort eingeräumt wird, freilich nur die einer zustimmenden.

*

Auf der Autobahn, zwischen Lugano und Luzern, vor dem Gotthard: Plastiktüten, nein – Absperrkegel aus Plastik trennen plötzlich und unvermittelt die Fahrspuren der Autobahn. Kurz darauf überholt mich mit hoher Geschwindigkeit ein Wagen, welcher, offenbar ohne es zu merken, einen Plastikkegel überfahren, eingeklemmt und bereits seit einer Weile mit sich geschleift hat, unter dem rechten Vorderrad. Die Folge: Eine stinkende Qualmspur. Überlegungen, was die Folge für den Fahrer und das Gefährt sein kann, welche beide unvermindert rasch weiterfahren. Schließlich, vor einem Tunnel, überholen wir den reichlich geschliffenen Kegel, er liegt mitten in der Fahrbahn, seltsamerweise nicht allein, sondern neben einem Leidensgenossen. Nun werfen beide eine weitere Frage auf: Wieso haben sie sich ausgerechnet hier, am gleichen Fleck, von den sie mitschleppenden Wagen gelöst? Alles sehr seltsam.

*

In Zürich sehe ich kurz nacheinander zwei Lastwagen, die mit den Firmennamen »Zweifel« und »Angst« beschriftet sind.

(1988)

Als der als schlagfertig bekannte Robert Gernhardt einmal in der Zürcher »Fabrik« einkehrte, da unterlief ihm ein Mißgeschick.
»Einen Rotwein!« bedeutete er einem vorübereilenden dienstbaren Geist.
»Ich bin nur für Speisen zuständig«, entgegnete dieser.
»Dann eben einen Rotbarsch!« rief Gernhardt schlagfertig aus.

(1996)

Besuch bei der Fondation Beyeler in Basel: Da hat ein Kunsthändler mit seinem Handel so viel Geld verdient, daß er eine Sammlung aufbauen und ein Museum bauen lassen konnte. Es ist ein sehr prächtiges Museum, in schöne Landschaft eingefaßt, von Renzo Piano, und es beinhaltet eine sehr repräsentative Sammlung, von Cézanne bis Baselitz.
Alles also bestens, und das ist es denn auch schon: Die Fondation Beyeler läßt den Besucher noch einmal / einmal mehr / zum wievielten Male? die Siegesallee der Moderne durchschreiten, richtiger: die große Zeit der großen Namen aus dem vorwiegend französischen Kulturraum. Monet, Matisse, Picasso, Miró, Giacometti, dann Klee, Mondrian, Kandinsky, schließlich Rothko, Warhol, Lichtenstein sowie etwas Baselitz und Kiefer: Das ist qualitativ hochstehend, aber so überraschungsfrei wie ein Kropf – kopfnickend gehe ich hindurch, freue mich verschiedener Meisterwerke der Meister, und das war's dann auch.
Später, im Kunstmuseum, fesseln mich dann wieder Entdekkungen und Kuriositäten: Wie Teniers der Jüngere ein Küchenstilleben hinzuzaubern verstand! Wie Manet ein Gesicht anlegte, ein Auge evozierte! Da spüre ich wieder den Ruck an der Kunstangel und ermesse, an wie langer Leine ich durch die Fondation gestreunt bin.

(2002)

»Ausschweifende Zuckerdosen«
Italien 1987, 1988, 1993, 1994, 2000, 2001, 2004

DIE BEHARRENDEN KRÄFTE IN TURIN

Ferien-Eindrücke: Die Cafés und Pharmacien und die Flanier- und Arkadenkultur.
Zwei Dinge bemerkenswert: die Menschenfreundlichkeit des 19. Jahrhunderts und seine Menschenverachtung.
Architektur und Innenarchitektur als verführerische Inszenierung zum Schlendern, Schauen, Eintreten und Kaufen, und die brutale Reduzierung der Bedürfnisse des Bürgers auf die Bedürfnisse des Staates, und der will eine Stadt, die funktioniert, ein Schachbrett, in das Funktionen eingebettet sind: Wohnen, Regieren, Sichbewegen etc.
Turin, eine Stadt, die da vollkommen unverbindlich ist, wo Herrschaft demonstriert werden soll. Der Königspalast, der wenig Schauwert hat und einfach nur groß ist; die Armeeschule, die ein ganzes Karree belegt und das Brutalste an Imponierarchitektur darstellt, das sich denken läßt.
Mit andrer Herrschaftsarchitektur haben sich die Turiner Herrschenden schwergetan: Die Kirchen dominieren nicht, im Gegenteil. Sie sind eingeplant, eingebaut, gehen unter, passen sich dem Plan der Arkaden soweit ein, daß sie kaum wahrgenommen werden. Auch fehlen weitere Imponiergebäude des 19. Jahrhunderts: die kulturellen – keine Oper, kein Theater, kein Museum, jedenfalls nicht prägend und auffällig. Eine durch und durch materialistische (und deshalb ehrliche) Stadt des 19. Jahrhunderts: Kuschen und genießen. Wenn kuschen, dann vor der weltlichen Macht, und wenn genießen, dann weltliche Freuden. Die ungeheure Dummheit der Denkmäler Turins, für den Carabiniere, für Vitto-

rio Emmanuele, sogar für einen Bildhauer namens Vincenzo Vela.
Worüber ich zu wenig weiß: Turin als Gegenpol zum Kirchenstaat. Turin als immer schon streng durchorganisierte Stadt seit der Römerzeit. Turin als Industriestadt.
Alles, was ich weiß, hat sich mir via Ästhetik mitgeteilt. Wohl wissend, daß die Schauseite einer Stadt Interessen zum Ausdruck bringt, weiß ich dennoch nicht, wieso die häufig gleichen Interessen so unterschiedliche sichtbare Ergebnisse zeitigen (z. B.: Wieso wird in Turin noch heute jeder Caffè, jedes Glas Wasser auf einem gefalteten Tuch serviert – jedenfalls an der Bar? Wieso stehen da die ausschweifenden Zuckerdosen, etc.).
Überhaupt: Die beharrenden Kräfte in Turin, obwohl die Stadt doch wohl mal die fortschrittlichste gewesen sein muß. Daß da die Einrichtungen der Cafés, Geschäfte etc. nicht auf den Müll geworfen worden sind! Daß sich da Schilder, Werbung, Lampen gehalten haben, die anderswo als Antiquitäten der Konsumkultur gelten: Wie kommt das?
(Bemerkenswert auch, wie rasch ich mich an all die Pracht gewöhnt habe: Da mußten bereits am zweiten Tag immer stärkere Reize aufgefahren werden, um mich wieder jubeln zu lassen. Und: jubeln worüber? Eine tiefe, bange Frage, der ich mich gerne entziehe.)

AM MARMORSTRAND

Das Paar aus Germersheim. Beide feist, mit Bild-Zeitung, Weinflasche, Eßpaket. Erst wird gegessen, dann massiert, schließlich setzt sie sich auf ihn und holt ihm unverblümt (unter einem Handtuch) einen runter. Dann wird gekrault, dann werden Fotos voneinander gemacht, dann wird wieder Bild-Zeitung gelesen.

(1987)

DER NEAPOLITANISCHE TAXIFAHRER ERZÄHLT

Er sei Barbesitzer in Pavia gewesen, wegen der Feuchtigkeit und daraus resultierender Krankheiten habe er in die Sonne Neapels zurückkehren müssen. Hier sei er Taxifahrer und nicht Barmann geworden, da die kleinen Geschäftsleute alle eine Abgabe (tangente) an die Camorra zahlen müßten. Nicht so die Taxifahrer, die für illegale Transporte gebraucht würden, da die Polizei niemals Taxis anhalte und durchsuche, wenn sie Straßensperren veranstalte. So sei beiden geholfen.
(Auf der Panoramastraße des Viertels Posillipo sei abends kein Durchkommen, an den Straßenrändern ständen zwei- bis dreihundert Personenwagen, die Scheiben mit Zeitungen verdeckt, und in allen werde Liebe gemacht. In der Tat: Auch am hellichten Nachmittag standen bereits zwei dergestalt in Privathäuschen und Liebesnester verwandelte Wagen am Wegesrand.)
Er habe einen deutschen Freund aus Gundelsheim, den habe er am Flughafen kennengelernt. Der sei von seiner Frau immer mit dem Wunsch gelöchert worden, mal nach Neapel zu fahren, so daß er, als er nach Verona mußte – zum Gurkeneinkauf, er war nämlich Produzent von Gewürzgurken –, den Flug statt nach Venedig nach Neapel buchte. Ein Irrtum, den er erst einsah, als er in Neapel landete – auch da habe es noch seine Zeit gebraucht, bis der Taxifahrer ihm klargemacht habe, daß er tatsächlich in Neapel und Verona 700 Kilometer weiter nördlich sei.

Nun will er mit seiner Frau im Mai wiederkommen, zu seinem Freund, dem Taxifahrer, der uns stolz eine Karte aus Gundelsheim zeigte, die ebendies zum Inhalt hatte.

LÜGEN IN POMPEJI

Messe im Sanctuario, einer Basilika, die zwischen 1870 und 1920 erbaut worden ist und alle guten Geister und Instinkte gegen Pfaffentum und Katholizität zu mobilisieren imstande ist – so hemmungs- und bedenkenlos wird da mit allen bildnerischen Mitteln, vorzugsweise exquisit kitschigen, Stimmung gemacht für Pfaffentum, Hysterie, Unterwerfung. Besonders die Ausmalung der Kuppel wirkt als Antidot gegen jedwede sentimentale Regung für den Katholizismus. Eine Geisteshaltung, die diese Versammlung delirierender Nonnen und diese Delirien organisierender Männer zu erdenken, gestalten und finanzieren wußte, ist objektiv böse. Dazu die schleimende Rede des Priesters: Ohne ein Wort verstehen zu wollen, erfüllte mich bereits der Tonfall mit Abscheu. Wer sein Heil in einer derart psalmodierenden Rhetorik sucht, lügt, ganz egal, was er mitzuteilen hat.

(1988)

SARDINIEN I: KEINE RUHE BEI DEN REICHEN

Wir wohnen in Genes Haus an der Costa Smeralda, 1983 für 350 000 Dollar gekauft, heute (zehn Jahre später) 1,5 Millionen wert – mit Blick auf die Bucht von Olbia und den Golfplatz Peveso. Sehr schön, und Gene verschönert noch: Weitere Terrassen, Bewässerungsanlagen, ein Swimmingpool und

Schattendächer sind im Bau, liebevoll spricht der Hausherr von den Bäumen und Pflanzen, die er tatsächlich alle kennt, bis hin zu den Gewürzen: »Schau mal, echter Rosmarin.« Er betrauert den Verlust einer Eiche. Sie habe einer Terrasse weichen müssen, doch die Sarden hätten sie falsch versetzt: »Es brach mir das Herz, als ich die Eiche auf dem Abfall liegen sah.«

Wer hier ein Haus hat, gehört dem Konsortium an, zahlt 4000 Dollar »Fee«, bekommt dafür Sicherheit garantiert und kann vom Konsortium Wasser kaufen, was ins Geld geht und bis zu zehntausend Dollar im Jahr kosten kann.

Zur Zeit hat Gene das Haus geräumt und lebt bei Mario, dem Architekten oder Bauleiter, einem Turiner, mit dem er in den Staaten auf Hirschjagd geht. Und er hat gut daran getan, denn um 7 Uhr 30 kommen die Handwerker und Terrassenbauer, und der Zauber bekommt einen ziemlichen Knacks, wenn die Zementmischmaschine angelassen wird und das Hämmern und Graben losgeht. Davon war erst gar nicht die Rede gewesen und dann nur am Rande, heute ist es offenbar, wir leben auf einer Baustelle.

Was macht jemand wie Gene, und wie macht er sein Geld? Er kauft und verkauft, er kennt Leute mit Geld, die etwas haben oder loswerden wollen, und besorgt das für sie. Er hat Kashoggi immerhin einmal gesehen und kommt auf einen Sprung nach Zürich, wenn die Soundso-Brüder ihn brauchen.

Aber noch mal: Gene liebt Pflanzen. »Ich bin doch auf unserem Landsitz in Tennessee groß geworden, und dann hatten wir noch diese Anwesen in Maine und in Florida, und überall habe ich Hunderte von Pflanzen gepflanzt, ich kenne sie alle, und ich habe tiefe Gefühle für sie.«

*

Keine Ruhe bei den Reichen. Von Genes Haus sieht man auf Bagger, Kräne, Baumaschinen, noch unfertige Häuser, auf Häuser, an denen, wie bei Gene, irgendwas verändert wird – ohne Pause klopft und mischt und brummt es seit 7 Uhr 30. Die Situation scheint für die ganze Gegend zu gelten; vom Hotel Cala di Volpe bis hinauf zu unserer Villa reiht sich Bausituation an Bausituation – was geht da vor?
Erstens wird Neuland erschlossen, zweitens aber wird bereits Gebautes verändert, modernisiert, ausgebaut. Es sind ja alles Ferienhäuser, die Reichen nutzen sie kaum, außerhalb der Saison lassen sie umbauen. Sie haben schließlich Geld, und bei anderen, ähnlich Betuchten sehen sie stets irgendwas, was sie auch gerne hätten und was während ihrer Abwesenheit umgebaut werden soll: Noch eine Terrasse oder der Zweitpool oder das neue Bewässerungssystem. Wer dem daraus resultierenden Lärm konsequent aus dem Wege gehen wollte, der müßte sich bei den Armen einquartieren. Da hätte er es schön ruhig, müßte allerdings auf einiges verzichten, den Blick aufs Meer, die fächelnden Winde, das Gefühl, padrone del mondo zu sein. Tja …

*

Every villa tells a story, und Gene kennt alle: Wer wo wann für wen gebaut hat für wieviel. Ein Scheich habe einem Architekten beispielsweise zwei Millionen für ein Projekt gegeben, das schließlich drei Millionen gekostet habe. Der Scheich sei nach der Fertigstellung hineingegangen und nach einer Viertelstunde herausgekommen: »I don't like it, sell it.« Richtig: Die Frau sagte: »I don't like it«, der Mann darauf: »Sell it.« Genes Freund R. habe für One point five oder One point eight gekauft.
Oder da – Gene zeigt auf eine Halbinsel – da habe Aga Khan einen Golfplatz und zwei Luxushotels bauen wollen, doch

die Comune sei dagegen gewesen; glücklicherweise, da das die Infrastruktur zu sehr belastet hätte, während der großen Trockenheit von dann und dann hätte ja bereits Wasser vom Festland herbeigebracht werden müssen.
Oder hier: Porto Cervo. Is that beautiful, or what?
Alles ist in den letzten dreißig Jahren entstanden; dort drüben der alte Hafen, dreißig Jahre alt, dort der neue – das alles sei doch sehr geschmackvoll, sehr europäisch, sehr authentisch.
Das alles ist eine perfekte Kulisse für jede Art italienischer Oper, fast alles steht in dieser Jahreszeit leer, eine ganze Stadt scheint in einen wundersamen Dornröschenschlaf gefallen. (Und zu denken, daß weltweit dieser Typ von Stadt bzw. Haus leer steht, von Florida bis in die letzten toskanischen Hügel.)

*

Das Consorzio Costa Smeralda gibt ein Costa Smeralda Magazin heraus, darin wird allen gedroht, die diesen Begriff verwenden, ohne befugt zu sein. Costa Smeralda sei eine Bezeichnung ohne Vorbild, vom Consorzio erfunden und nur auf die Territorien des Consorzio anwendbar; was nicht ganz einfach sein dürfte, da das Consorzio nicht alles und nicht die ganze Küste hat aufkaufen können: Wie bitte sollen die Einsprengsel ihre Lage bezeichnen, nachdem alles rundherum als Costa Smeralda bezeichnet wird?

*

Costa Smeralda: Das bisher größte Reichenrefugium, das ich kenne; ein 50 Kilometer breiter – wie langer? – Küstenstreifen mit eigenen Sicherheitsorganen und Vorschriften – keine Bauarbeiten nach dem 1. Juni, drei vorgeschriebene Farben für die Häuser etc. –, dahinter steht die Idee des geschützten Raumes, der natürlich auch kleiner sein kann. Das »Club

Méditerranée«-Gelände in Agadir, die Wohnparks in Florida sind ähnliche Anlagen. Freilich fällt das Festungshafte um so mehr auf, je begrenzter ein solcher Reichenbezirk ist, bis er sich schließlich auf die gute Wohngegend, auf die sichere Straße beschränkt, die dann so sicher auch nicht ist, da man Straßen nicht für die Öffentlichkeit sperren, Passanten nicht kontrollieren oder abweisen kann. (Dabei besäße die Neuhaußstraße in Frankfurt die besten Voraussetzungen dazu, und in Fort Lauderdale sah ich tatsächlich ein Wärterhäuschen, von dem aus ein Straßenkomplex hätte kontrolliert werden können, wäre da nur ein Wärter gewesen.)

*

An der Costa Smeralda hat es, laut Gene, Krach zwischen Aga Khan und den Kommunen gegeben, die nicht nur seinen Golfplatz ablehnten, sondern auch neue Gesetze erließen; die besagten Villen durften nicht mehr direkt am Meer gebaut werden – zuerst mußten hundert Meter Abstand eingehalten werden, jetzt sind es tausend. (Ein Deutscher habe ein Meergrundstück vom Konsortium gekauft, für 600 000 Dollar, kurz danach seien die neuen Gesetze in Kraft getreten, nun hat er das Konsortium verklagt.)

*

Auf der Schachtel, die das flache, inseltypische Brot enthält, steht der Aufdruck »Pane carasau«. Die fröhliche Runde übersetzt das mit »sauteures Brot«.

*

Sehr, sehr gut gegessen, im Ristorante Gallura in Olbia, unter beengten Umständen und im Nebenraum, es war dennoch glorreich. Große Freude überall, tiefe Befriedigung bei mir

und ein gewisser Stolz, das alles genießen zu können; schließlich handelte es sich um Fischchen und Muscheln, Austern und Tintenfische, deren Eier und Seegurke: alles Speisen, die man ja auch zum Speien finden könnte.
Das zu genießen ist schon mal eine Kulturleistung, die größere besteht darin, die Qualität des Gebotenen beurteilen zu können – dafür mußte ich viele Fischsuppen und Fischplatten, Muschelberge und Krustentiere weltweit verzehren, um jetzt sagen zu können, Spitzenklasse, alles in allem das beste Seafood meines Lebens, dafür lohnte es sich, 55 Jahre alt zu werden! Ich esse all das Zeug, ich bewerte es und bin sogar noch in der Lage, festzustellen, daß der ganze Knabberwix sein Geld nicht nur wert, sondern ausgesprochen preiswert war – auch das steigert das Lebensgefühl, obwohl ich die ganzen Platten gar nicht zahlen mußte.

*

Auf der Terrasse: Ich sehe zwei südlichen Strizzis und ihren drei Mädchen zu, wie sie davon erzählen, in Kürze eine Diskothek zu eröffnen, und mache mir meine nicht allzu schmeichelhaften Gedanken. Erst spät kommt mir ein weiterer: Wie, wenn die Burschen auch nicht allzuviel von mir hielten?

(1993)

SARDINIEN II: DAS WEISSE IN DEN AUGEN DER RUSSEN

Costa Smeralda – hier ist alles künstlich, angefangen vom Namen, der eine Erfindung des Konsortiums ist (und geschützt), bis hin zu ganzen Städten wie Porto Cervo oder Porto Rotondo. Dazu kommen stilistische Auflagen. Auch Privathäuser müs-

sen in einer Manier gehalten sein, die als sardisch gilt bzw. panmediterran, Farben sind vorgeschrieben, sichtbare Materialien, Dachpfannen. Das alles wurde, vermutlich, von Hotels vorexerziert – als ältestes gilt dem Vernehmen nach das Cala di Volpe, das in die graue Anfangszeit der 60er zurückreicht –, heute gipfelt diese Fake-Architektur und Fake-Urbanistik in Großschöpfungen wie Bagaglione, wo es auch falsche Wasserfälle und Erlebnislandschaften gibt. Aber was ist so falsch in solchen Zusammenhängen, was künstlich?
Was ist dagegen zu sagen, daß die Architekten und Planer unbekümmert all jene Elemente zusammenkleistern, die jeder Laie mit Süden, Ferien, südlichen Ferien verbindet? Wenn aus dem sonstigen Arsenal der Paradiesvorstellungen all jene nach Möglichkeit eingebaut werden, die sich über die Jahrtausende als besonders erstrebenswert und befriedigend erwiesen haben – viel Grün, plätscherndes Wasser, leuchtende Blumen? Woher rührt der Zeigefinger, der sich auch in mir reckt, wenn ich durch solche Anlagen gehe?
Er rührte sich auch vorgestern in San Gimignano, allerdings, wenn man so will, in anderer Richtung: Da deutete er strafend nicht auf die Architektur, makelloses toskanisches Mittelalter, sondern auf die Besucher der Stadt, eisschleckende Touristenmassen, L. und ich immer mittenmang. Einzig, daß wir uns das Eis verkniffen, unterschied uns von den anderen, und uns allen warf ich vor, daß wir den würdigen Anlaß unseres Besuchs durch unseren massenhaften Auftritt heruntergebracht hatten auf eine vollkommen unseriöse Besucherbedienmaschinerie, deren Bewohner nicht mehr davon lebten, daß sie Verwertbares produzierten, sondern davon, daß sie jenes Unsinnige und Unverwertbare an den besuchenden Mann, die besuchende Frau zu bringen suchten, das weltweit an solchen Orten verhökert wird: Sonnenhüte und Postkarten.

Ein altbackener Moralismus also – doch weshalb regt der sich in anderer Form, wenn Ort und Mensch vollkommen eins sind in ihren Bedürfnissen wie in ihrem Auftritt: Beide sind als Freizeitler verkleidet.
Ein Moralismus, der, fürchte ich, noch ältere Wurzeln hat als das tourismuskritische Grummeln in San Gimignano; genau besehen wird er aus drei Quellen gespeist bzw. läßt er sich in drei Vorwürfe gliedern:
1.: Disneyland. Nichts ist echt, nichts, was es zu sein vorgibt. Die scheinbar aus Naturstein gemauerten Häuser sind eine verkleidete Zementkonstruktion, eine Piazza entpuppt sich als gesperrte Hotelanlage, ein Wasserfall wird aus Röhren gespeist. Aber: Bereits die antiken Bauten waren nicht aus Vollmarmor, bereits Hadrian versammelte in seiner Villenanlage alles, was ihm während seiner Kriegszüge anderswo gefallen hatte, inklusive Landschaftstypen.
2.: Künstliche Paradiese, reserviert den Reichen. Während rings die Umwelt zerstört wird – woraus schließlich auch der Reichtum der Reichen resultiert – und Kriege geführt werden, gibt es in diesen Enklaven alles sonstwo Gefährdete, gute Luft, Grün, Wasser, Ruhe etc. Eine Tatsache, auf die zwei Reaktionen möglich sind: Dann dürfte es all das hier auch nicht geben. Oder: Gut, daß die Reichen wenigstens da, wo sie zu Hause sind, darauf achten, daß all diese Güter geschützt und befördert werden, inklusive einer Architektur, die, wie immer banal und eklektisch, sich immerhin zurückhält – im Gegensatz zu den Großhotels an den populären Stränden.
3.: Hybris. Ihr, die ihr euch nicht genugtun könnt an immer neuen Vergnügungsmöglichkeiten und »dreams that money can buy« (inklusive Jacht, Helikopter, Powerboote passend zum Meergrundstück) – auch ihr seid sterblich, und so sehr ihr euch und andere zu täuschen versteht, einmal hat diese

Unseriosität definitiv ein Ende, dann, wenn die Vergänglichkeit ihre letzten Masken ablegt und als Tod in Erscheinung tritt. Amen.

*

Wir betreten unser Hotelzimmer 303 und begegnen dabei den (neuen) Gästen, die 304 bezogen haben.
Im Zimmer:
L: Wollen mal sehen, was man hört.
R: Ich glaube, nichts.
Hämmern und Poltern von nebenan.
L (verzieht das Gesicht): Der macht das Fenster auf!
R: Die Geräusche kommen von seinem Fenster durch unser offenes Fenster in unseren Raum. Nicht durch die Wand.
L: Abwiegler.

*

Am 5. Juni fegte der stärkste Maestrale des Jahres über Sardinien, rüttelte an den Läden, wehte schwere Wogen in den Pool, schob morgens Wolken vor sich her, die rasch mit sonnigen Durchblicken wechselten. Ich hatte schlecht geschlafen, war den ganzen Tag über kurzatmig und glücklich, da sich Schönheit an Schönes reihte: Wir reisten über Land, zuerst zu Steinzeitresten in leerer Landschaft, dann durch ein Tal, in welchem Bienenfresser sich vom Wind rasend schnell treiben ließen, dann gerieten wir in ungemein suggestive Gegenden voller Felsen und Korkeichen, dann in einen Hafen, Santa Teresa di Gallura, und eine höhergelegene Stadt von strenger Einheitlichkeit; vom Marktplatz aus schauten wir auf das aufgewühlte, nun tiefblaue Meer, die Wolken waren verschwunden; dann fuhren wir ans Nordende von Sardinien, Capotesta, wo an einer Landzunge das Meer von beiden Seiten anbrandete, dann badete ich in der Brandung, dann gerieten wir auf der Weiterfahrt in eine unerwartete Dünenlandschaft; wieder eine Landzunge, die zur Isola dei Gabbiani führte; in den aufgewühlten Buchten links und rechts jagten die Windsurfer dahin; dann kehrten wir zurück, dann aßen wir eine Fischsuppe; dann liebten wir uns, dann schlief ich sieben Stunden am Stück und erwachte am 6. ausgeruht und ohne Beschwerden. Auch der Wind hatte sich gelegt, der Morgen versprach einen sonnigen, makellosen Tag – wieder einmal hatte ich erlebt, was meine Träume mir so oft mitgeteilt hatten: Hab keine Furcht, es wird sich alles finden.

*

Durch Zufall geraten wir in eines der WM-Rennen für Motorboote, zuerst in Livorno, wo deutsche und englische Boote samt Lastwagen und Mannschaften verladen werden, dann in Porto Cervo, wo das Rennen stattfinden soll: Die ganze Mole ist von Equipment zugestellt.
Am Samstag sollte alles über die Bühne gehen, der Sturm verhinderte das; als wir am Montag zur Bank gingen, fand ein weiterer Probelauf statt, ingresso libero, auch auf den Tribünen, und da kam nun alles zusammen, was dumm und hassenswert ist: Die Boote in grellen Farben, über und über von Werbung bedeckt, unsinniger Lärm, von Lautsprechern und vor allem von Motoren; unsinniger Energieverbrauch von Booten, Maschinen und Hilfsmitteln, Kränen, Lastwagen etc. Sinnloses Tun, lärmend im Kreise zu fahren.

*

Drei (zweisprachliche) Mißverständnis-Szenen

1.

A, ein Deutscher, der mit seiner Frau Italien bereist, ärgert sich über den vor ihm fahrenden italienischen Autofahrer B. Durch Handzeichen gibt er ihm seinen Unmut zu verstehen, der Italiener reagiert verständnislos, hält schließlich an, der Deutsche folgt seinem Beispiel. Beide verlassen ihre Wagen, sie stehen einander gegenüber.

B zuckt die Achseln.

A: Sie fahren wie eine Transuse.

B zuckt die Achseln.

A macht die Bewegung des Autofahrens.

B: Ah! Guidare la macchina.

A: Si! Come una Transuse.

B: Come?

A: Transuse, Tran... Die Fische ... *Er macht die Bewegung des Schwimmens.*

B: Ah! Nuotare.

A: Si! E questi nuotare ... diese Fische machen Tran... *Er macht die Bewegung, mit welcher man eine Flüssigkeit in einen Löffel schüttet, steckt den imaginären Löffel in den Mund, schüttelt sich.* Äh bäh!

B *besorgt:* Lei è malato?

A: Si! Malato! Questo malato, questo Tran è molto bäh. Und nun Suse: Suse ist ein Name, ein Frauenname. Name!

B: Un nome?

A: Si! Suse è un nome. Ein Name von einer Frau.

B: Come?

A: Frau! *Er modelliert sich Busen und Hüften, schwingt sie.*

B: Una puttana!

A: Was? *Er verstärkt seine Gesten.*

B zuckt die Achseln.

A: Suse! Suse!

B: Scusi?

A: Ja! Susi! Und Sie sind eine – *er bemüht sein Gedächtnis* – eine malatosusi. *Er macht die Bewegung des Autofahrens.*

B zuckt die Achseln und steigt in den Wagen.

A: Blödmann!

B aus dem Auto: Scusi?

A: Genau! *Zu seiner Frau*: Na, etwas hat er ja wenigstens begriffen. *Er steigt ebenfalls in sein Auto.*

2.

C verlangt in der italienischen Drogerie »Tempo-Tücher«, nach einigem Hin und Her erhält er das italienische Pendant »Scottex«. Nachmittags gerät er durch Zufall in ein lokales Eselrennen, bei welchem er, da er seine Begeisterung über das unschuldige Vergnügen demonstrieren will, kräftig mitschreit, und zwar die allen Umstehenden reichlich befremdlichen Worte: »Scottex, Scottex, Scottex!«

3.

D und E verbringen die Ferien in einer sardinischen Ferienanlage. Seit neuestem haben sie Nachbarn, Engländer, ein Paar, sie in Schuhen, die jeden Schritt, sei es im Zimmer, sei es auf der gemeinsamen Terrasse, hör- und nachvollziehbar machen: Tock Tock Tock, klappern ihre Schuhe.

Da D und E aus Frankfurt sind, einer Stadt, in der jeder das Lied von der Frau Rauscher kennt – »Die Frau Rauscher aus der Klappergass, die hat e Beul am Ei« –, malt D der E aus, wie es wohl wäre, wenn er die Nachbarin als Mrs. Klapper begrüßen und dann erklären würde, was ihn zu der Namensgebung bewogen habe: »Normally you say: Frau Rau-

scher aus der Klappergass« – but because your shoes do tock tock – because they klapper, we decided to call you »The Frau Klapper aus der Rauschergass« – I try to translate: »The Mrs. Klapper from Rauscherstreet – you understand? No? I try it again …«
Auch D weiß keinen anderen Ausgang der Geschichte als den, daß die Engländerin irgendwann das Weite sucht.

*

Wir sind jetzt noch keine Woche im Ferienkomplex und haben Gefühle, die für einen Monat reichen würden. Die deutsche Familie zuerst, die monoton orgelnde Reiseleiterin, die deutsche Gruppe, die abends noch in den Pool sprang, etc.: So viele Störungen. Vor allem aber: So viele Gefährdungen. Werden wir auf unserer Terrasse – drei nebeneinanderliegende Zimmer – allein bleiben? Nein, Mrs. Klapper samt husband bezieht das Nachbarzimmer. Wird der Bagger im Nachbargrundstück endlos so weiterlärmen? Nein – nach zwei Tagen scheint er zu schweigen.
Schließlich: So viele gefühlsgestützte Überlegungen! Wäre es nicht doch besser in 302 oder 304, den Zimmern mit Balkon und noch mehr Ausblick? Ich frage Gianni, ob wir einen Blick ins offenbar nicht bewohnte 302 werfen können – er bedauert: »Besetzt.«
»Aber man sieht doch nie jemanden.«
»Die Leute leben sehr zurückgezogen.«
Und wieder Gefühle: Soll ich hier für dumm verkauft werden? Dazu Unterstellungen: Wird da ein Entführungsopfer gehalten?
Alles Gefühle, die um das Haben kreisen: Was ich habe – meine Ruhe, meine Ausbreitungsmöglichkeiten dürfen nicht beschnitten werden. Was andere haben: Schatten, Aussicht,

ein Fenster mehr – will ich ebenfalls haben. Auf keinen Fall aber bin ich bereit, freiwillig irgendwas abzugeben, schon gar nicht Landsleuten.

Alles schlechte Gefühle? Auf jeden Fall laufen sie den Geboten christlicher Nächstenliebe und Entsagung entgegen, doch beide wurden ja mit dem Versprechen gekoppelt, daß, wer sie leiste, mit einem Platz im Paradies belohnt werde, und da würden dann ja wohl alle Ungleichheiten aufgehört haben: Nur ruhige Wolken, alle mit gleicher Ausstattung und garantierter ewiger Sicht auf Gott und seine Heiligen; die freilich hätten eine noch bessere Aussicht, wären dafür aber auch zu Lebzeiten gebraten oder gehäutet worden.

Also: Was sind das für Gefühle? Muß man sich ihrer schämen? Anders gefragt: Ist ein Leben ohne solche Gefühle denkbar? Sorgen sie nicht für jenen Spannungszustand, der das Individuum am Laufen und Machen hält? Hätte ihr Fehlen nicht Resignation, Depression und Stagnation zur Folge?

Sichbescheiden, Sichnichttrauen, Sichdrücken, Vonsichabsehn – sind das nicht jene Haltungen, die es durch die Jahrtausende einigen wenigen Caesaren und Priestern erlaubten, sich fast alles herauszunehmen – für die Erfüllung der immer noch existierenden Wünsche der Vielen war dann die Zukunft bzw. das Jenseits zuständig ...

»Willst du mir allen Ernstes weismachen, mit deinem Bestreben, das beste Zimmer und die größtmögliche Ruhe im Hotel Nibaru zu ergattern, leistest du einen Beitrag für eine herrschaftsfreiere Welt?«

»So habe ich das noch nie gesehen – doch es mag sein, daß du recht hast!«

*

Sie: Ich brauch sie gar nicht, die totale Einsamkeit.
Er: Ich auch nicht. Bloß: Wenn noch jemand da ist, dann rast' ich aus.

*

Ferienparadiese als Immunisierungsstationen bzw. Desensibilisierung durch Zwangsferien – ein Vorschlag zur Güte.
Die Situation: Es gibt mich und die anderen. Ich will meine Ruhe, jeder andere ist eine potentielle Gefahr. Ich will mein Revier, jeder andere ist ein potentieller Eindringling.
Schon dringen die anderen ein, schon stören sie: Du kommst spätabends in die Ferienanlage, da sitzt am Pool eine Gruppe, nie gesehen, und tuschelt Worte, nie gehört, manchmal gefolgt von halblautem Lachen.
Dann sagt einer »harascho«, und du begreifst: Russen! Wie kommen Russen in die sardinische Ferienanlage? Können die sich das überhaupt leisten, wenn sie nicht der Mafia angehören und spaltbares Material unter der Hand verscheuern?
Du liegst wach und bedenkst die Lage. Noch durch das geschlossene Fenster und die geschlossenen Läden dringt das Tuscheln, und deine Alarmglocken schrillen.
Nächster Morgen: russische Laute und russisches Lachen vor deinem Fenster. Deine Russenfeindlichkeit erreicht den Höhepunkt. Du erinnerst dich all des Unrechts, das die Russen der Welt, speziell dir, angetan haben: dreimal vor den Russen geflohen – und jetzt rufen sie um 8 Uhr 30 in der Frühe russische Scherzworte durch den sardinischen Morgen – haben die denn überhaupt kein Zeitgefühl?
Und schon wirfst du dir ein Hemd über und sagst der Gattin: Ich zeig mich mal, damit die merken, daß sie nicht allein auf der Welt sind.
»Aber mach keinen Aufstand!«

Nein, nein! Ich zeig mich nur.
Du trittst heraus, das erste Mal siehst du die Russen, mehr noch: das Weiße in den Augen der Russen. Du schaust streng, da grüßt der eine mit einem, man muß schon sagen, sympathisch scheuen Lächeln. Jetzt nur nicht verbindlich zurücklächeln! Zur Gattin zurückgekehrt, wachst du darüber, ob dein Dichzeigen erfolgreich war. Tatsächlich, die sind weniger laut, die Burschen, geradezu leise.
9 Uhr: Zeit für die morgendliche Schwimmrunde im Pool. In der Badehose verläßt du das Zimmer, zeitgleich treten zwei Russen auf die Terrasse, und der eine, der Lächler von vorhin, macht die Bewegung des Schwimmens.
»Swim?« fragt er.
»Yes.«
»Good.«
Drei Worte gewechselt, und schon sieht die Russenwelt weniger düster aus. Stalin und die Rote Armee treten in den Hintergrund, Tolstoi, Wereschtschagin und Jerofejew gewinnen an Terrain – werden sie es ganz und gar erobern? Soweit der Stand der Dinge nach dem Frühstück um 10 Uhr 30.
12 Uhr 30, Rückkehr ins Hotel: Neun Russen liegen am Pool, alle sehr fleischig und jung. Erster Gedanke: Haben wir nicht noch vor zwei Jahren für hungernde Russen (Hungerwinter) gesammelt und gespendet? Wieso sind die jetzt alle so wohlgenährt? Schweigend blicken sie dich an, während du die Stufen zu deiner Terrasse hochsteigst.
17 Uhr 30: Du kommst mit dem Wirt ins Gespräch und erfährst, daß es sich bei den Russen um Trapezkünstler handelt, Artisten also, die in verschiedenen Orten der Costa Smeralda dazu beitragen sollen, ein Parfum von »Lancaster« zu featurn. Deswegen also sind sie alle gleich alt, gleich fleischig, gleich athletisch. So arbeiten sie hier! Fast hättest du, der du hier

nichts tust, ein schlechtes Gewissen, doch dann kannst du dich gerade noch bremsen. Schließlich hast du länger als ein Jahr lang an einem Stück hart gearbeitet, nun hast du ein Recht auf deine Ruhe. Und wehe, jemand tritt dir zu nahe, russische Artisten inbegriffen.

*

Sie: Als er »trappistici« sagte, dachte ich zuerst an Trappisten, nicht an Trapezkünstler.
Er: Er hat auch nicht »trappistici« gesagt, sondern »trappezisti«.
Sie: Da denk ich auch an Trappisten.
Nach einer Woche zitiert er eine Nachricht aus der »Repubblica«: Ein römischer »trappezista« trete in Florenz als Wunderheiler auf.
Er: Trappezista!
Sie: Da war ich ja doch ganz nah dran.
Er: Dio buono!

(1994)

WELT IM WANDEL

Das waren seit je Ziele der Sehnsucht: Der kleine, südliche Hafen am Ende der Welt, das Café mit der gähnenden Bedienung, der streunende Hund, die Mole, der netzeflickende Fischer, die dümpelnden Boote, die Vorstellung: Hier könnte man zur Ruhe kommen, das Wissen: Gottlob wird man es hier nur zwei, drei Tage aushalten müssen, dann geht's weiter. Dennoch …
Methoni, das Hotel Rex, die alte Wasserspülung »The Best Niagara«, aus der kaum Wasser kommt, die verstaubte Palme vor dem Zimmer im ersten Stock, das Mittelzimmer mit Bal-

kon, der Blick aufs Meer … Wann war das? 1966, 1967? Im Jahr drauf die bange Frage: Werden wir wieder das Zimmer bekommen? Wird der Ort noch derart entrückt und entzükkend sein?

Der Stich: Da gibt's ja jetzt noch ein Hotel, ein modernes. Und, natürlich, mehr Klientel, andere. Und das verändert alles: Wie kann der letzte Strand noch der letzte Strand sein, wenn ich nicht mehr der einzige Gast bin?

Was in Methoni Ende der 60er passiert ist, hat sich mittlerweile vermutlich an allen Stränden der Welt und in allen gottverlassenen Häfen ereignet – so gibt es sie also nirgends mehr, diese melancholiegetränkten letzten Orte?

Und ob es sie gibt, verlassener und melancholiegetränkter denn je, allerdings da, wo ich sie nun wirklich nicht zu finden erwartete – obwohl meine Lebenserfahrung mich doch mittlerweile gelehrt haben sollte, daß in einer Welt im Wandel kein Ort an seinem Platz bleibt und daß Ruhe vorzugsweise im Zentrum des Schreckens herrscht.

Porto Rotondo auf Sardinien zum Beispiel: Ich hatte ein zweites Porto Cervo erwartet, ein gutgewartetes, langsam in die Gänge kommendes Refugium der Reichen; was ich vorfand, war etwas ganz anderes. Auch eine Touristenstadt, gewiß, doch älteren Datums, längst nicht so durchdacht, gestylt, alles in allem dürftiger, abgestoßener, ja bereits im Niedergang begriffen. Leere Geschäfte, »Affitasi«, ein vergessener Teddybär auf dem Fensterbrett eines dieser Läden, abgestellte und nie abgeholte Pappkartons voll undurchsichtigen Materials – vor allem aber ein geisterhafter Mangel an Menschen, Leben, Krach und Wonne, welche die Architektur doch so krampfhaft zu suggerieren versucht mit ihren Brückchen, Bögen, Plätzen (»Piazzetta Casbah«), Schnörkeln.

Hier und da ein, zwei Touristen, ratlos wie ich schlendern

sie an den leeren oder geschlossenen Geschäften vorbei, betrachten die Zerstörungsarbeit der Zeit und der Meerluft, halten ratlos inne, wenn die Wege sich teilen: Wohin, wenn doch nirgendwo was los ist? Und dann ist da tatsächlich ein Café, das offen hat, und die Bedienung gähnt, zu etwas zu laut aufgedrehter Rockmusik, und ein trübblickender, großer weißer Hund riecht – zum wievielten Male? Wahrscheinlich kennen sie einander seit Kindespfoten – an der trübblickenden schwarzen Hündin, um sich gelangweilt abzuwenden, und all die alten Gefühle kochen wieder auf: Diese Ruhe, diese Melancholie, diese beruhigende Gewißheit, von hier sofort verschwinden zu können. (Obwohl es lehrreich wäre, sich dieser Grenzsituation einmal auszusetzen. Die Locanda XY hat schon auf, man könnte sich einmieten und eine ganz rare Erfahrung machen: Als einziger Tourist in einem Ort, der für zehntausend? zwanzigtausend? angelegt ist, die ihn freilich, inklusive der Hausbesitzer, nur höchstens zwei Monate nutzen, um ihn den Rest des Jahres dem zu überlassen, was ich schon weltweit verschwunden wähnte – dem Meer und der Stille.)

(1994)

DAS WUNDER VON MANTUA

Wir übernachten im Hotel Rechigi, in der steinernen Innenstadt Mantuas, als die Hündin Bella gegen zwei Uhr nachts einen jener wohlvertrauten und gefürchteten Anfälle bekommt: Sie richtet sich hechelnd auf, schnappt geräuschvoll, springt panisch vom Bett und beginnt nach Grünzeug zu suchen. Grünzeug, in Mengen gefressen, führt bei ihr zum Erbrechen, und das ist erfahrungsgemäß die einzige probate Linderung ihres Zustands.

Natürlich findet sich in einem Hotelzimmer in Mantua kein Grünzeug, in ihrer Verzweiflung beginnt Bella einen Mantua-Katalog anzufressen: Also aufstehn, anziehn, runtergehn, Grünzeug suchen. Doch wo?
Im Park des Palazzo Ducale, sage ich, das ist die nächste Grünanlage. Viel zu gefährlich, klagt L., zieht sich ebenfalls an, und zu dritt treten wir in die Nacht.
Und haben Glück: Die schmale Straße, die das Hotel vom monströsen Handelszentrum trennt, ist in den Fugen und Ritzen der Bordsteine und Platten so reichhaltig bewachsen, daß der Hund seine Not stillen und, nachdem er gekotzt hat, die Nacht im Hotel fortsetzen kann.
Jedenfalls bis sechs Uhr morgens, da ereilt ihn ein zweiter Anfall, und diesmal führe ich Bella durch das erwachende Mantua bis zum herzoglichen Garten, wo sie Gras frißt und sich in jeder Hinsicht erleichtert.
Das Wunder aber bestand darin, daß ich trotz scharfen Hinschauens auf dem Weg zum Park in keiner anderen Straße auch nur den Schimmer eines Grashalmes gesehen habe – um so wundersamer die Begrünung vor dem Hotel und nur vor dem Hotel.

(2000)

KALTERER SEE

Wer nie den Kalterer See umkreist,
weiß nicht, was auf Erden man Sturheit heißt.
Wer nie den Kalterer See umschritten,
der hat dich nicht, göttliche Stumpfheit, erlitten.
Wer nie den Kalterer See erlebt,
ist niemals vor seiner Gradheit erbebt.

(2001)

PETRARCAS KATZE

Die Casa Petrarca in Arquà Petrarca ist das älteste nachgewiesene Künstlerhaus der Welt und ein Beispiel, wie man es machen muß: Man wählt einen kleinen, schön gelegenen Ort und bezieht dort ein abseits gelegenes Haus mit Garten. Im Hause selber sorgt man für etwas Aura – oder man läßt die Nachwelt sorgen. Da stehen ein Stuhl und ein Bücherregal, die Petrarca gehört haben sollen, Höhepunkt aber ist die mumifizierte Katze, die wohl erst im 17. Jahrhundert in die Wand gelassen wurde, derer sich jedoch sogleich die Phantasie aller Besucher bemächtigt hat: Das war Petrarcas Lieblingskatze, sie saß auf seinem Schoß, als er einschlief. Mehr davon, kann ich nur sagen – warum ist Petrarcas Hund nur auf Reproduktionen von Petrarca-Gemälden zu sehen? Warum hat er nicht wenigstens ein Grab im Garten?

(2004)

VENEDIG: O SOHLE MIO

Der Tourist. Seine Deplaziertheit, sein lauernder Blick: Habe ich was versäumt? Keiner liebt ihn. Er verstopft die Straßen. Mehrere seinesgleichen bringen kleine Infrastrukturen ins Schwanken und Wanken. Viele seinesgleichen lassen Venedig und Florenz umkippen.

Er mag sich selber nicht und fühlt sich zugleich im Recht: Das alles ist doch nur für ihn inszeniert!

Damit meint er erst mal die Lokale, die Andenkenstände, die Postkartenverkäufer – und da hat er recht. Aber insgeheim meint er die ganze Bellezza, die Kanäle, den Dogenpalast etc., und da hat er natürlich unrecht.

Daß er fortwährend darauf achten müsse, nicht beschissen zu werden, denkt er und verbraucht damit all jene Energien, die er bräuchte, das wahrzunehmen und zu genießen, weswegen er hergekommen ist.
Daß er trotzdem – zumindest in der Hochsaison – unweigerlich beschissen wird, liegt auf der Hand: Die Fotos haben ihm ein touristenloses Venedig gezeigt; wenn er da ist, steht er mitten unter seinesgleichen, und so hat er sich das alles natürlich nicht vorgestellt.

(1987)

Venedig, ich hab dich auf Bildern geliebt,
Die brachten mir bei, daß es so etwas gibt
Wie Venedig.
Nun tucker ich langsam durch wüstes Gebiet,
Seh nur Schrott, und mein armes Hirn durchzieht
Ein »Versteh nich!«

*

Abends im Restaurant erzähle ich von meinem ersten Venedig-Aufenthalt im Jahre 1955 und erwähne, ich sei damals so arm gewesen, daß ich meine gelöste Sandalensohle nicht hätte kleben können; statt dessen sei ich gezwungen gewesen, sie mit Draht zu umwickeln, mit einem Draht, den ich durchgelaufen hätte, so daß in Venedig meine Sohle wieder schrecklich und hindernd am Schlappen gewesen sei.
Als wir vom Restaurant zurückkehren, nehme ich Behinderungen beim Ausschreiten wahr. Sie rühren von einer Sohle meiner Sandale her, die sich zur Gänze gelöst hat.

(2002)

Tauben von S. Marco

Wer den Künstler will verstehen, muß in Künstlers Lande gehen – da ist etwas dran. Nie zuvor haben mir Tizian, Tintoretto und Bellini so eingeleuchtet, nie sind sie mir so leuchtkräftig vorgekommen wie an den Originalplätzen in venezianischen Kirchen: Frari (Tizian, Bellini), Scuola di San Rocco (Tintoretto), San Zaccaria (Bellini). Was wohl nicht nur damit zu tun hat, daß die Bilder in Originalrahmung und sehr gut erhalten zu sehen sind, sondern auch damit, daß um sie herum Vergleichsbilder hängen, die die Größe der Meister und die Qualität der Bilder strahlend hervortreten lassen: Neben Vivarini ist Bellini Klassen besser; das, was Barockmaler rund um sein Madonnenbild in San Zaccaria gemacht haben, fällt grausam ab. Qualitätsvergleich, Qualitätskontrolle: Wohl der Kunst, in welcher das noch möglich ist, und zwar anhand von handfesten Kriterien, nicht auf der Basis von »Sagt mir mehr«, »sagt mir weniger«.

*

Ausstellung »Tiepolo – Ironia e comico«: Vater und Sohn Tiepolo haben Karikaturen von Karnevalsfiguren gezeichnet, Pulcinelle bei ihren basalen Tätigkeiten und ähnliches. Der Vater zeichnet leicht und laviert ökonomisch, der Sohn tut sich mit dem Zeichnen schwer: Er kann's nicht recht, verhaut vor allem Hände und ist am besten in Hintergründen. Was mag der Vater angesichts dieses Mankos gedacht haben, wenn ihm der Sohn mal wieder einen Schwung Zeichnungen präsentierte? Denn fleißig war er, der Giandomenico, nur eben kein geniales Talent wie Vater Giambattista.

*

Abend im La Fenice, der Sänger Ruggero Raimondi erhielt den Arthur-Rubinstein-Preis für langes Singen klassischer Repertoires. Das Theater war 1996 ausgebrannt, originalgetreu wie-

dererrichtet worden, man hatte es als Gebäude in Gegenwart von Staatspräsident Ciampi eingeweiht, die Einweihung der Spielstätte steht noch bevor, das soll mit einer »La Traviata«-Aufführung geschehen, die einst im La Fenice uraufgeführt worden ist. Eintrittspreis 3600 Mark (Euro?).
Der Raimondi-Abend war demnach eine der raren Gelegenheiten, das Theater schon jetzt, vor den Feierlichkeiten, zu betreten. Und da zeigte sich, daß das Logenrund sehr ansprechend, aber auch recht kindlich anmutet. In den freien Flächen sind auf hellem Grund dunklere Putten oder Blumensträuße zu sehen, eingerahmt von vergoldetem Stuck, und das alles erinnert prima vista an Karussells von anno dunnemals: Dieselbe Farbigkeit, dieselben Motive, der gleiche Geist; eine edle, auf Deubel komm raus kostbare Gegenwelt soll suggeriert werden, wobei man versucht, die Kosten einigermaßen niedrig zu halten. Daß das Fenice auch anders konnte und kann, zeigt sich an der zentralen Prachtloge, die ist stilvollst eingerahmt von vergoldetem Schnitzwerk, das Trägerfiguren und Vorhänge vorgaukelt. Der Rest aber – zumal in seiner rekonstruktionsbedingten Frische – hat was von Budenzauber, Betonung natürlich auf: Zauber.

*

Proust schreibt im Venedig-Kapitel der »Recherche«, sein Marcel habe – um 1900! – in Venedig Plätze durchstreift, von denen kein Reiseführer und kein Reisender bisher Bericht erstattet habe: Kaum glaubwürdig, da spätestens im 18. Jahrhundert Pläne vorlagen, die jedes Gebäude erfassten. Weshalb der Verdacht naheliegt, Proust sei der häufigsten aller Reise-Illusionen aufgesessen, der, nicht zu den Touristen, sondern zu den Entdeckern zu zählen.
Finis Venezia.

(2004)

»Frühgotisch ist besser als spät«

Frankreich 1988, 1995

St. Philibert

BETRUGSFORMEN IM BURGUND

Cluny bzw. St. Benigne: Man behauptet die frühere Existenz einer Kirche, leider sei sie nicht mehr da.
Idealform: Die Rotunde von St. Benigne. Angeblich nimmt die Krypta ihre Bauformen auf, angeblich zeugen »rotondes dans le monde« von ihrer Existenz.
Teile von Bauten hätten existiert, seien aber eingerissen worden. Beispiel Vézeley: Nie wird klargemacht, ob eines der Kapitelle authentisch, nachempfunden oder völlig frei erfunden worden ist.

*

Merken: Spirituelle Orte/Authentizität
Früh ist besser als spät. Gotisch ist besser als Renaissance. Frühgotisch ist besser als gotisch. Romanisch ist besser als frühgotisch. Karolingisch ist besser als romanisch.

*

Ente: Nur gut, wenn sie keine Flugente, sondern zeit ihres Lebens zu Fuß gegangen ist.

(1988)

REISE DURCH BURGUNDS LÜCKEN

Cluny: Dort wurde laufend abgerissen, angefangen von Abt Pons, der den mittleren Teil von Cluny II abbrechen ließ, um den Klosterhof zu vergrößern, bis zu den »Spekulanten der

Schwarzen Bande«, die Cluny III dem Erdboden gleichmachten. E. Magnien berichtet, im Mai 1810 habe man in neuntägiger, schweißtreibender Arbeit Portal und Tympanon zerstört. Überhaupt fällt auf, daß Bau- und Abrißzeit in etwa gleich lang waren: 1088–1115? (Abt Hugos Biograph schreibt: In zwanzig Jahren baute er eine Basilika), Abriß 1798–1823. Charlieu: Von der Klosterkirche steht nur noch der Narthex, die Reliefskulpturen der Portale hat jemand in der Revolutionszeit derart gründlich mit dem Hammer bearbeitet, daß selbst den Tieren der Evangelisten die Köpfe fehlen, von den Heiligen, den Aposteln und Jesus ganz zu schweigen. Da wurde in effigie geköpft, was in Paris realiter dran glauben mußte: die Herrschaft. Die hatte sich über ein Jahrtausend aber auch zu anmaßend dargestellt in dieser Gegend: Kirche und Adel, stets Arm in Arm und Gebäude an Gebäude, thronen noch heute groß und breit über Dörfern und Landschaften.

CLUNY-GESPRÄCH ZWISCHEN EINEM ATHEISTISCHEN ÄSTHETEN (A) UND EINEM GLÄUBIGEN KATHOLIKEN (K)

Marschrichtung: A blickt vom Beginn des alten Narthex aus elegisch auf die Leere, über der sich einst Cluny III erhob, K spricht ihn an.

K: Schön, nicht wahr?

A: Überhaupt nicht. Ein unersetzlicher Verlust.

K: Für wen?

A: Für die Kunstgeschichte.

K: Wen kümmert's, was eine Wissenschaft verliert?

A: Ich meinte: den Kunstfreund.

K: Sie sind einer?

A: Sonst wäre ich nicht hier.
K: Aber warum sind Sie hierhergekommen? Sie wußten doch, daß es hier nichts zu sehen geben würde.
A: Es gab leider mehr zu sehen, als ich dachte.
K: Wieso leider – das muß den Kunstfreund doch freuen, wenn es etwas zu sehen gibt.
A: Es waren alles Fragmente, die den Verlust um so größer erscheinen lassen.
K: Sie reden von Verlust. Sind Sie Mönch? Oder wenigstens Anhänger des Klostergedankens?
A: Gott bewahre! Ich bin Agnostiker!
K: Dann müßte es Sie doch freuen, daß im vorigen Jahrhundert eine Bastion des Aberglaubens geschleift wurde.
A: Mich hätte der Verlust einer buddhistischen Weihestätte wie Borobodur oder eines Maya-Tempels ebenso geschmerzt.
K: Sie leben aber nun einmal nicht in einer buddhistischen oder heidnischen Gesellschaft, sondern in einer einst christlichen, jetzt konsumistischen. Folgerichtig beklagen Sie nicht den Verlust einer Glaubensstätte, sondern den einer Genußmöglichkeit. Ebenso folgerichtig begrüße ich diesen Verlust.
A: Wieso?
K: Weil ich Christ bin. Und weil es mich schmerzt, mitansehen zu müssen, wie die Stätten meines Glaubens, gerade hier im Burgund, zu Spezialitätengerichten verkommen sind, die der Ungläubige zwischen einer schönen Landschaft und einem guten Essen zu sich nimmt.
A: Demnach begrüßen Sie den Abriß von Cluny III?
K: Uneingeschränkt. Die Spekulanten, die die größte Kirche nördlich der Alpen in einen Steinbruch verwandelten, erfüllten lediglich das Gebot der Stunde.
A: Und wie soll das gelautet haben?
K: Wenn dich dein Auge ärgert, reiß es aus!

A: Versteh ich nicht.
K: Cluny III war nach der Französischen Revolution ein Ärgernis geworden. Der Gemeinde, weil es an mönchische Unterdrückung erinnerte, den Spekulanten, weil es im Weg war, den Christen, weil es ihnen vor Augen führte, daß diese riesige Anlage bereits seit Jahrhunderten nicht mehr mit religiösem Sinn und Inhalt gefüllt werden konnte. Also war es folgerichtig, den Bau abzureißen. Nur in nichtmaterieller Form konnte Cluny III seine Rolle als Zentrum der Christenheit fortsetzen, zumindest: weiterspielen. Das Loch Cluny sagt ungleich mehr – und es sagt es ungleich intensiver –, als der Bau auch im besten Erhaltungszustand mitteilen könnte.
A: Was sagt denn dieses Ödland hier vor mir?
K: Alles, was die Bibel auch sagt: Daß nichts Menschliches Bestand hat und daß wir wie unsere Werke dem Vergehen geweiht sind.
A: Sie reden dem Vandalismus das Wort!
K: Wäre nicht der Kunstfreund, der durch ein intaktes Cluny III ginge, ein ebensolcher Vandale wie der Abreißer?
A: Wieso?
K: Plündert er nicht ebenfallls, wenn auch nur mit den Augen? Schmarotzt er nicht, indem er aus der bereits welken Blume Glauben noch den Honig des Augenschmauses und der Gemütsbereicherung zu saugen versteht? Reist er nicht durch ein Burgund – ein Europa, eine Welt – à la carte, stets erpicht auf noch unbekannte Reize? Ich habe vorhin beobachtet, wie Sie angesichts der Skulpturen-Fragmente in Verzückung gerieten.
A: Ich war überrascht und beeindruckt! Eine solche Formvollendung, wie sie noch das geringste Fragment aufwies, läßt auf ein Gesamtkunstwerk von allerhöchstem Rang schließen. Und es macht mich rasend, daß ich es nicht erleben darf, weil

Zeloten vor 200 Jahren die Kraft, die Geräte und das Sagen hatten, diesen Bau niederzureißen.
K: Ebendieser Umstand versöhnt mich. Schmerzen aber würde mich die Vorstellung, Sie, ein Atheist, könnten durch das Gotteshaus gehen und dieses Angebot als weiteren Reiz zur Anstachelung Ihrer – vermute ich – bereits etwas abgestumpften Kunstkennerschaft mißbrauchen.
A: Daß Sie mich derart mißverstehen können!
K: Daß Sie sich derart über sich und Ihresgleichen täuschen können! Diejenigen, die Cluny III abgerissen haben, waren doch Ihre Brüder! Männer, die das taten, was Sie heute noch denken, trotz alledem: daß der Klerus zur Ausbeuterklasse gehört. Daß jede Beschneidung der Klerikermacht gut sei. Daß neben dem französischen König eigentlich auch ein französischer Kardinal geopfert hätte werden müssen. Gerade hier im Burgund könnten Sie beobachten, was es heißt, jemanden in effigie zu töten: Denken Sie an all die abgeschlagenen Köpfe romanischer Portalplastiken. Alles Kinderkram, verglichen mit dem Abriß von Cluny III: Damit bewies der Atheismus, daß er erwachsen geworden war. Kein Grund also, 200 Jahre später wie ein Kind dem Verlorenen nachzuweinen. Jedenfalls dann nicht, wenn man Atheist ist.
A: Und als Christ begrüßt man den Verlust geradezu?
K: Was anders sage ich denn die ganze Zeit? Bestünde Cluny III noch als materielles Objekt, würde es nie derart vielen Subjekten ein Gegenstand spiritueller Hinwendung sein. »Geh weg, damit du bei mir bist«, pflegten die Romantiker zu sagen. Verschwinde, auf daß du dauerst, könnte eine Variante lauten.
A: Pfaffengewäsch!
K: Immerhin waren es einst Pfaffen, die die sehr materielle Schönheit von Cluny III veranlaßten, um den Geist ihres

Schöpfergottes zu beschwören. Damals hatten die Gläubigen, die sich im Narthex scharen durften, nichts und erwarteten alles Heil vom Jenseits, das im Chorumgang aufleuchtete. Heute glauben die gleichen Menschen, ihnen stünde alles zu – also ist es nur folgerichtig, wenn sie wenigstens jener Kirche nicht mehr habhaft werden können, die ihre – Ihre – Brüder im Geiste vor 200 Jahren dem Erdboden gleichmachten: letztlich zum höheren Ruhme Gottes, der nie stärker war als in seiner Abwesenheit.

A: Wenn man Sie so reden hört, könnte man meinen, es sei Ihnen um jede Kirche leid, die hier im Burgund nicht abgerissen worden ist.

K: Verstünden Sie mich so, Sie hätten mich begriffen.

A: Großer Gott!

GASTSEIN

Solange der Gast zu Gast ist, lebt er nicht für sich, sondern in Bezug auf seinen Gastgeber. Wacht er früh auf, wird er sich gedulden, bis er den Gastgeber in der Küche weiß; schläft er lange, glaubt er dem Gastgeber eine Erklärung schuldig zu sein: Der Gast hat keine eigene Zeit.

Der Gast hat kein eigenes Heim. Nie weiß er, wo etwas steht, bei jedem Bedürfnis kann er nur hoffen, daß der Gastgeber es erfüllen kann oder will – erwarten kann er es nicht. Gibt es hier zufällig Kondensmilch? Es gibt keine, dafür gibt es auch keinen Kaffee. »Macht nichts«, sagt der Gast und trinkt Tee. Mit jedem Schluck verliert der Gast ein Stück seiner Identität.

Der Gast hat kein Eigentum. Der Keller ist voller Wein, doch der Gastgeber hat den Schlüssel. Der Gast tränke gerne einen Schluck, doch der Gastgeber trinkt nie vor Sonnenuntergang. Also wartet der Gast. Warten aber bedeutet, nicht selber die Zeit strukturieren zu können. Ohne eigene Zeit, der Gast.

*

In Chatoillenot läuten zwei Glocken jede Stunde im Abstand von ca. 4 Minuten. Die erste sagt: Es ist schon acht, es ist schon acht. Die zweite beschwichtigt: Es war erst acht, es war erst acht …

(1995)

»Myriaden von Gaffern, mittenmang ich«

Spanien 1979, 1989, 2004

Kein Flugzeug geht
23.3.80

WAS MIR IN TENERIFFA AUFFIEL

In Médano: Alles liegt rum, als ob eine große Anstrengung plötzlich unterbrochen worden wäre. Ein Weg ist gepflastert, daneben liegen Packen von Platten, verschnürt, als ob niemals jemand sie mehr anrühren oder wegschaffen wollte.
Aber das ist die Regel: auch im feinen Playa de las Americas gibt es zwischen zwei Autovermietungen in einem Neubau eine leerstehende Räumlichkeit, in der nur Dreck rumliegt.
Und der Beton: unverputzte neue Gebäude ziehen sich teilweise wild wuchernd durch die Insel, daß man weinen möchte. Welcher Unverstand! Welche Häßlichkeit! Welche Produktivkräfte und Sachzwänge, die alles über den Haufen rennen. Auch das Urbanisationsmodell, das den Interessenten im zentralen Immobilienbüro in Playa de las Americas die ganze Pracht der Planung zeigen soll, geht aus dem Leim; die Uferstraßen, auf denen Spielzeugautos für Rasanz sorgen sollen, wellen sich; sie sind mit Klebeband befestigt, das sich seinerseits wellt, rollt. Ach Gott.
Die Schönheit ist überall noch da, aber welche Anstrengung, sie freizuschaufeln, zu sehen. Und wenn sich die Wirtschaftslage der westlichen Welt einmal ändert, wenn die Deutschen nicht mehr kommen, dann werden die Urbanisationen an der Südküste still vor sich hin rosten und verfallen. Irgendwie tragen sie schon den Keim des Verfalls in sich. Sie sind hypertroph. Ähnlich der manchmal hypertrophen Natur, aber, natürlich, etwas völlig anderes.
Als Tourist gesprochen: Da wird etwas kaputtgemacht, unwiederbringlich, und ich kann sagen, ich war dabei und mit

schuld daran und begehre doch, nicht schuld zu sein. Bin aber doch ein klitzekleiner Teil dieser entfesselten Produktiv- und Veränderungskräfte.
Allein die Tatsache, daß ich jetzt in Teneriffa sitze. Das müßte man mal alles zurückspulen und aufdröseln. Die Geschichte meiner Reisen, die Wünsche und Traumziele meiner Generation, was daraus geworden ist. Und das alles schildern ohne Selbstanklage, ohne Fremdschelte, einfach als Verflechtung von guten Absichten und teils schlimmen, teils auch für die Betroffenen (Einheimischen) guten Folgen. Aber es bleibt das Gefühl – ohne diese Vorgänge zu dämonisieren –, daß ich nolens volens, gutgläubig, zwanghaft dazu beitrage, daß sich etwas zum Schlechten verändert. So, wie der Bankdirektor sicher auch etwas anderes für die Menschen will als Wohnraumzerstörung auf der einen und Schlafstädte auf der anderen Seite. Und er selbst lebt ja auch nicht in einer Schlafstadt. Möchte es auch keinem wünschen. Wünscht sich viel mehr, daß alle in Kronberg, an der Hanglage, leben könnten. Aber das geht nun mal nicht. Und die Leute wollen doch ein Minimum an Komfort. Also immer noch besser in der Schlafstadt als … etc. Und außerdem muß die Bank Geschäfte machen. Das dient dann wieder … usw.

*

Über den Kanarier
Keinen Groschen auf der Naht –
aber jeden Tag Passat.

(1979)

TOPFBLUMEN FÜR FRANCO

Madrid ist, wenn ich es recht begreife, eine ganz geeignete Stadt zum Leben. Das Flanieren ist einfach und abwechslungsreich, die Lokale und Einkehren werden mit der (kurzen) Zeit immer besser.
(Allerdings waren wir am ersten Abend einer ganz abwegigen Empfehlung gefolgt, ins Rioja, wo in einem Neubau eine »Historische Kneipe« inszeniert worden war – das blieb nicht ohne Folgen für die Preise: 5000 Pesetas für eine doppelte Portion Fisch, also 90 Mark, dann kam etwas, was auch in Deutschland höchstens 50 Mark hätte kosten dürfen.)

*

Ältere Spanier am Franco-Grab im Valle des los Caidos. Er stellt eine Topfblume ab, sie streichelt den Stein und erzählt einer anderen Frau, andere Spanier würden mit dem Fuß prüfen, ob der Stein auch fest genug eingefügt sei, um eine Rückkehr Francos unmöglich zu machen.

*

Der Alte im Kreuzgang der Kathedrale von Segovia. Er winkt uns, deutet in einen Raum, fragt uns, ob wir Engländer oder Franzosen seien und fährt dann – nach der Auskunft, wir seien Deutsche – auf spanisch fort, die im Raum ausgehängten Wandteppiche zu beschreiben.

*

In Segovia erschallen die Gassen vom Geschrei junger Mädchen, die alle in eine Sporthalle strömen, in welcher das Geschrei sich vermehrt fortsetzt, unten auf dem Spielfeld und auf den Rängen. Immer dann, wenn ich glaube, der Lärm sei nicht mehr zu steigern, legen die Mädchen noch einen zu, da tritt eine Nonne in die Halle. Deutlich entrüstet macht sie einer, der einzigen Mutter im Saal klar, wie deplaziert sie diesen Lärm findet, dann schreitet sie zur Selbsthilfe: Sie klingelt mit einem mitgebrachten Glöckchen, einem derart kleinen und hilflosen Instrument, daß es wirklich zum Lachen ist.

*

In der Bank, in welcher ich Geld tauschen will, erhalte ich die Nummer 485 – wenn die aufgerufen wird, soll ich mich an der Kasse melden. Die Kasse zeigt, zu meinem Erschrecken, die Nummer 379. Nach einiger Zeit springt die Nummer auf 380 um. Zugleich ertönt ein Signal, das den Kunden aufmerksam machen soll. Schließlich begreife ich, daß ich gemeint bin, fast unwirsch gibt mir der Kassier das Geld, meine Marke 485 tut er mit einem Achselzucken ab. (Das muß man doch wissen, daß mit der 380 die 485 gemeint ist!) Was mich verwundert, ist, daß der Kassier überhaupt weiterzählt (Zahlen verändert), wenn er doch weiß, wie wenig sie mit der Realität zu tun haben (an meinem Dokument, das er in Händen hatte, war ebenfalls die 485 angeheftet). Aber wahrscheinlich hofft er auf diese Weise wenigstens den Anschein von Ordnung und Logik zu erwecken.

GABI, DIE HISPANOPHILE

Da atme sie leichter, da lebe sie besser, da sei sie zu sich gekommen – in Spanien. Ihre Schwärmerei ist sicherlich im Einzelnen zu korrigieren (wenn nicht zu widerlegen: Die Brötchen im Café de las Infantas sind nicht »wunderbar«, sondern normal und relativ lieblos zubereitet), doch ist nicht das Detail der Punkt, sondern die Struktur. Weltweit nehmen sich die Deutschen mittlerweile fremder Kulturen an, längst nicht mehr nur auf Europa beschränkt, obwohl die verschiedenen Philien sicher hier begannen und stets vom Norden ausgingen und den Süden meinten: Die Italophilie, Hellenophilie, nun auch Ibero-, Yugo- und Turcophilie. Kontinentübergreifende Philien sind die logische Folge, Indonesiophilie, Thailando-, Indo- etc., doch sind Ziel und Begründung seit Beginn dieser Philien gleichgeblieben: Da ist wahres Leben, wahre Menschlichkeit, wahre Kultur – wenn auch auf niedrigerer Zivilisationsstufe, doch seit wann sind funktionierende Klos ein Beweis für ... etc.

All diese Philisten versuchen, in Sprache und Kultur ihrer Liebe einzudringen, immer ist diese Liebe insofern einseitig, als die Geliebten nicht die geringsten Anstalten machen, ihrerseits auch etwas über Kultur und Herkunftsland (geschweige denn Sprache!) der Liebhaber in Erfahrung zu bringen. Selbstgefällig wie nur je eine junge Schöne lassen sie sich hofieren und charmieren, selig ruhen sie in sich selber, während die Liebhaber geradezu wollüstig von sich absehen, ja ihre Art und Herkunft nicht nur verleugnen, sondern liebend gerne verkleinern, nur um der Schönen ein Lächeln und ein Selbstlob zu entlocken: Ja, ja, schön hier, alle Welt kommt her, natürlich haben auch wir unsere Fehler – und wehe, wenn der Liebhaber hier geistesabwesend mit dem Kopfe nickt, dann werden ihm sogleich <u>seine</u> Fehler um die Ohren geschlagen, daß er demütig in die Knie geht: Ja, Herrin, ich habe gesündigt, ja, meine Gute, meine Schöne, wir sind häßlich und schlecht von Geburt an.

(1989)

El
Brillante

WAS ICH VON BARCELONA BEHALTEN WERDE

Daß im Kreuzgang der Kathedrale seit alters Gänse hausen, die sich im strömenden Regen meines Besuchstages pudelwohl fühlten.
Daß sich in unmittelbarer Nähe meines Mittagstisches zwei Männer prügelten.
Daß ich um 18 Uhr circa durch die Wand des Hotelzimmers einem veritablen Orgasmus von ihr und ihm beiwohnen durfte.
Daß eine ohnehin delirierende Architektur früher oder später in Gaudí gipfeln muß.
Daß das 20. Jahrhundert in der Nachfolge des Bauhauses dem furchtbarsten Architekturwahn erlegen ist – dem, der Karton sei die Antwort auf die vorausgegangenen Wahnvorstellungen.
Daß der gemeine Spanier in einer gewöhnlichen Kneipe in der Tat alles fallen läßt, was er nicht mehr essen will oder rauchen kann.
Daß es Städte zu geben scheint, die als Stadt funktionieren.
Daß in den Goethe-Instituten auch nur mit Wasser gekocht wird.
Daß Tapas nicht das Gelbe vom Ei sind.
Daß eigentlich unerfindlich bleibt, warum es in den engen Gassen des Barrio Gotico besonders anheimelnd sein soll und warum diesem dunklen Viertel eine besondere Schönheit eignet.
Daß sich die Zweiklassengesellschaft selten so ungeschminkt dargestellt hat wie in Form der Galeere, die ich im Schiffahrtsmuseum sah: Auf erhöhtem Heck die schwimmende Palastlaube der Herrschenden, niedriger, nun unter freiem Himmel, die vielen Ruderbänke für je vier Unglückliche plus Ruder.
Daß ich mich noch beeindrucken lasse.

Unvergeßlich wird mir vor allem bleiben,
daß die Stadt, jedenfalls auf den Ramblas, nicht zur Ruhe kommt. Um 24 Uhr war es leicht, Schlaf zu finden, nun, da ich seit drei Uhr wach liege, ist es fast aussichtslos: Ununterbrochen ziehen Menschengruppen die Ramblas entlang, und das tun sie mit Geschrei. Was tagsüber noch läßliche Geräusche einer emsigen Stadt waren – Motoren, Schleifen, Unterhaltung – mutiert des Nachts zu Freizeitlärm: Rufen, Lachen, Pfeifen. Nicht: Singen. Aber: sich brüllend in Szene setzen, mit einer Energie, die für mich unfaßbar und auch ziemlich unerträglich ist. Nachts um drei ist es hier lauter als tags um 15 Uhr. Es ist ganz unbegreiflich. (Aber nur zu gut verständlich: Tagsüber sind die Ramblas voll von Leuten, die ein Ziel haben, nachts wird ziellos herumgezogen, und das, was an Personal so nach und nach ausfällt und zu Bett geht, wird vom Restpersonal dieser movida durch gesteigerte Lautstärke mehr als ausgeglichen, wobei sicher auch Alkohol im Spiel ist. Wie immer: Obwohl ich nicht direkt an den Ramblas wohne, sondern auf eine halbwegs tote Seitenstraße ausgerichtet bin, genügt die Ramblanähe, mich um den Schlaf zu bringen. Und ich habe einen harrrrten Tag vor mir …)
Nicht zu vergessen ferner,
daß die Stadt – was ihre Bausubstanz betrifft – ungemein gut in Schuß ist, zumal vor der Folie einer Stadt wie Porto oder auch wie Lissabon gesehen,
daß die Preise moderat sind, das Glas Wein z. B. 1,80 kostet und nicht, wie in Frankfurt, 7,50,
daß es grausen läßt, mit ansehen zu müssen, wie lebendig einiges Schalengetier noch ist, das auf dem Boqueria-Markt angeboten wird. Grausig besonders dann, wenn die Tiere sich kaum mehr zu bewegen vermögen und das leise Hin und Her

eines Beines, einer Zange erkennen läßt: Das lebt ja (und denken läßt: Das muß ja leiden),

daß jede Stadt ihr Gesicht einbüßt bis verliert, wenn der Tourist die Oberhand gewinnt: Wie würdig war Barcelona am Tag, als der Regen kam, wie international nichtig ging es auf den Ramblas zu, als sie alle wieder zur Stelle waren, die Schnellzeichner, die Gaukler, die Statuen-Darsteller und, last not least, die Myriaden von sich langsam in all dem voranschiebenden Gaffern, mittenmang ich.

»Von Entdeckern und Absahnern«

Portugal 2003

Lissabon Plaza / Zimmer 513

PORTO ENTTÄUSCHT

Was zweifellos auch damit zu tun hat, daß dreißig Jahre Italien den Reisenden verwöhnt haben: Sie können nicht kochen, die Portugiesen, sie können nicht leben! Wo sind die Eckbars, wo ist der Glanz, wo die heitere Inszenierung der Dienste und Angebote?

Der Portugiese scheint alles widerwillig und maulfaul zu erledigen, und sein Italienisch ist ebenso schauderhaft vernuschelt wie seine Fähigkeit gering, unser Portugiesisch zu verstehen. (Was möglicherweise auch daran liegt, daß wir Italienisch sprechen, während er das Portugiesische vorzieht.)

*

Er: »Die Hälfte von Portos Geschäften ist geschlossen, die Hälfte der Häuser steht leer.«

Sie: »Mehr! Zwei Drittel!«

LISSABON: WAS LÄUFT DA FALSCH?

Reiseführer hatten uns darauf eingestimmt, daß auch in Lissabon nicht alles zum Besten stände – ein erster Rundgang bestätigt solche Urteile und gibt Anlaß zu sich steigerndem Erstaunen: Alles steht leer! Alles – das bezieht sich auf die höher gelegenen Geschosse der Innenstadthäuser, Häuser in, sollte man meinen, bester Lage. Rund um »das Herz Lissabons«, den »Rossio« genannten Platz, Häuser in den Hauptstraßen des Baixa-Viertels, von den Altstadt-Konglomeraten der Alfama zu schweigen. Was geht da vor? Anders als in Porto sind die Erdgeschosse noch durch Läden belebt, verfallen die Strukturen nicht für jedermann sichtbar. Dennoch: Was läuft da falsch? Im Reiseführer werden eingefrorene Mieten dafür angeführt, daß Hausbesitzer vergangener Jahrzehnte keine Lust zum Investieren und Modernisieren hatten. Auch scheinen neue Wohnviertel im Osten jene Mieter abzuziehen, die sich das leisten können. Und schließlich weiß man ja auch aus anderen Großstädten von verödeten Innenstädten und Abwanderung. So flächendeckend aber wie erst in Porto und jetzt in Lissabon habe ich diesen Vorgang noch nicht beobachten können, wozu noch kommt, daß Lissabons Schönheit zu Recht gerühmt wird, seine Urbanität, seine Großzügigkeit, sein Abwechslungsreichtum an Sichtachsen und Blickwinkeln: Das müßte doch Leute anziehen, nicht vertreiben!

JENSEITS DES GOLDENEN ZEITALTERS

Musik: Im Hotel Fenix in Porto eine Endlosschleife, die zwei Tage lang in Fluren und beim Frühstück die gleichen niederziehenden Stücke bringt, vorzugsweise besinnlichen Klarinetten- bzw. Saxophon-Jazz, der am frühen Morgen die Stimmung eines Nightclubs der 40er Jahre evoziert.

Die Lissabonner Innenstadt ist durchgehend beschallt, die Musik ist die der 60er Jahre: Rod Stewart, Eric Clapton, Beatles, Stones.

Dabei macht der Portugiese einen ruhigen, fast lethargischen Eindruck, gut möglich, daß ihm noch der Schock in den Knochen steckt, im Laufe der letzten Jahrhunderte ein Weltreich verloren zu haben. Das Goldene Zeitalter liegt nun rund 500 Jahre zurück, und es war ohne Frage glorreich auf allen

Gebieten: Jede Menge Risiko, jede Menge Gewinn, jede Menge Kunst auf allen Gebieten, Literatur (Camões!), Malerei, Architektur / Skulptur. Es reiht sich Stein an Stein, alimentiert und beflügelt von Entdeckern und Absahnern. Sehr unterschiedliche Steine, um genau zu sein: Der Realismus eines Nuno Gonçalves hat nichts zu tun mit der Dekortrunkenheit des Manuelinischen Stils, freilich liegen dazwischen auch fünfzig Jahre, und es stehen dahinter völlig unterschiedliche Aufgabenstellungen.

JANUARSFLUSS

Man lernt nie aus: Wir stehen an der Schnellstraße Belém–Lissabon, als mein Blick auf ein Großplakat fällt. Darauf wird mitgeteilt, daß es den Disney-Film »Lilo & Stitch« bald auch auf DVD und als Video geben würde, ab »24 janeiro« – und da fällt es mir wie Schuppen von den Augen, und ich begreife erstmals und endlich, was »Rio de Janeiro« bedeutet: Januarsfluß.

Puh! Das hat aber lange gedauert! Wo ich doch dort gewesen bin, in »Rio de Janeiro«, ohne auch nur zu ahnen, wo ich war: In der Stadt vom Fluß vom Januar.

DIE MALER-MALER

Im Museu de Marinha, Belém, nutze ich erstmals meinen Rentnerstatus: Statt 3 Euro löhnen zu müssen, komme ich bereits für 1,50 in die Sammlung.

*

Im Gulbenkian Museum, wo mich wieder einmal ein Frans Hals anzieht, fesselt und rückhaltlos begeistert: Wieder mal ein herzlich unspektakulärer Hals, eine alte Frau, wohlhabend, gesund, nach der Altfrauenmode gekleidet, auf rot beschlagenem Sessel sitzend, mit der einen Hand ein Buch haltend, die andere vor die Brust gelegt.
Es sind vor allem die Hände, die ich mit schrankenloser Bewunderung wahrnehme: mit welch unbegreiflicher Sicherheit die gemalt sind, wie flüssig und zugleich detailreich, wie fein getönt und wie virtuos schattiert und Schatten werfend, gerade soviel Schatten, daß der Eindruck größtmöglicher Plastizität der Hand und Verbundenheit zwischen Hand und Gewand bzw. Buch entsteht.
Wie in der Frick Collection ist der Hals von vergleichbaren Bildern umrahmt. Da hängen Halbportraits von Rembrandt und van Dyck, Ganzfiguren von Rubens und Gainsborough, und alle haben und zeigen naturgemäß Hände, die aus Gewändern bzw. Ärmeln herauslugen und die nach irgend etwas greifen: Keiner packt die Schwierigkeiten und die Lösung so elegant und mitreißend wie Hals. Van Dyck vertut sich ein wenig beim verkürzten Daumen, Rembrandt stupft mehr, als daß er malt. Von Bild zu Bild laufend kann ich mich ebensowenig einkriegen wie einst in New York, als ich mit Anita Albus zwischen Hals, Velázquez, Rembrandt und Goya hin- und herwandelte, begleitet von der Eichborn-Angestellten für Auslandsrechte, die unserem Disput voller Verwunderung lauschte, zumal ich mit Kritik nicht sparte: »Goya ist ein großer Maler, aber hier, beim Knabenbildnis, hat er sich ganz einfach in Details keine Mühe gegeben. Der verhauene Vogel! Wie ungekonnt – nein: lieblos! – die Kinderhand aus dem hingeschmierten Ärmel ragt, angestückelt, nicht sinnlich und sinnvoll von dem Gewand bedeckt und aus dem

Gewand ragend! Kommt zurück zum Hals, da kann man sehen ...«

Heute das gleiche: »Es bleibt dabei: Es gibt drei große Maler-Maler, Hals, Velázquez, Manet, das heißt, wenn der sich Mühe gibt ...« Gibt er sich nicht immer. In der Gulbenkian-Sammlung hängt auch ein Manet, der den Vergleich geradezu erzwingt: Eine Halbfigur eines Knaben, der Seifenblasen erzeugt. Eine Hand hält ein Flüssigkeitsgefäß, die andere den Strohhalm, und beide Hände haben Macken und Fehler, anatomische Fragwürdigkeiten und malerische Unzulänglichkeiten – keine Konkurrenz zum Hals, von dem ich noch nie eine halbherzige Lösung der immergleichen Probleme gesehen habe: Wie male ich Fleisch? Wie bringe ich all die fragwürdigen Handinformationen unter einen Hut? Wie schaffe ich es, daß die Grenzen zwischen Hand / Kopf, Fleisch also, und Stoff zugleich gewahrt bleiben und via Malerei verbunden werden? In solchen Momenten und vor solchen Bildern bin ich mir meiner Sache und meines Urteils vollkommen sicher und weiß doch zugleich, daß ich mich mit niemandem werde verständigen können, der nicht das sieht, was ich sehe.

»Gelassen im Bronzestatuenwald«
England 1998

Ausblick
Dean Street

LAUSCHIGES LONDON

Der »Groucho Club« in der Dean Street – damit hatte ich die Vorstellung von etwas sehr Exzentrischem verbunden, in ausgefallener Umgebung – doch die Dean Street entpuppte sich als eine der belebtesten Vergnügungsstraßen Sohos, und die Exzentrik der Clubräume besteht darin, daß die Hotelzimmer eine Reihe wahllos zusammengestellter Bücher enthalten, dito das – laughter, laughter – Klo.
Die Dean Street durchquert Soho. Soho ist ein Vergnügungsviertel, am Wochenende vergnügt man sich. Dementsprechend laut war es im Zimmer, auch wenn es sich im vierten Stock befand: Lärmten nicht auf der Straße Betrunkene, Autos, Polizeiwagen, Diebstahlsicherungen, Musiker oder – nachts um eins – die Müllabfuhr, dann begann es in der Wand zu rieseln, zu sirren, zu plätschern und zu pfeifen – das hatte vermutlich mit dem Wasserkonsum anderer Gäste und des Restaurants zu tun. Höllisch.
Nachts um eins stand unser Entschluß fest: Wir wechseln das Hotel. Eine weitere Nacht im »Groucho Club« – nein danke! Die geschenkte Londonreise in Ehren, doch eigentlich sind wir aus dem Alter raus, in welchem knarrende Dielen, ächzende Wände und lärmende Straßen noch für ausgefallen, echt, preiswert stehen. Von einem bestimmten Alter an geht es mit unkommoden Hotelzimmern ebenso wie mit offenen Weinen: Das Leben ist zu kurz für sie.
Wir packen, gehen in Richtung City, schauen uns nach lauschigen Hotels um und buchen eins. Aber dann, aber dann … Morgens verfahren wir wie vereinbart, mittags wer-

den wir irre, und als wir in der frühen Nachmittagszeit um die Ecke von Harrod's just an jenen lauschigen Hotels vorbeikommen, die wir uns erträumt haben, fragen wir nicht einmal nach den Preisen. Denn schon rührt sich so etwas wie Heimatgefühl für ausgerechnet die Dean Street – der Coffee Room »Costa«! (Hatte uns der waiter nicht bereits wiedererkannt?) Der Plan, im »Wok Wok« zu essen! (Es würde sich als sehr durchschnittlich herausstellen.) Die Unfreundlichkeit gegenüber den Schenkern! (Für H. war der »Groucho Club« sicher eine Top-Adresse: so wenig in, chic oder angesagt. Aber trotzdem: eigen.) Wie auch immer: Wir blieben im »Groucho Club« und begannen fast, bestimmte Störungen zu vermissen. Wo ist der Wasserwhistler in der Wand geblieben? (Rätsels Lösung: Das Restaurant hat geschlossen.) Wieso bleibt die nächtliche Müllabfuhr aus? (Die kommt vermutlich nicht täglich.) Und so weiter. Die Macht der Gewohnheit oder: Die Fähigkeit des Menschen, sich zu arrangieren, triumphierte über bessere Einsicht und verrauchende Empörung: Das können sie mit uns nicht machen!

Könnse, könnse. Und vermutlich noch ganz was anderes. Lieber gaanich dran denken.

ERINNERUNG UND GEDÄCHTNIS

Ein Deutscher kann London nicht ohne Neid durchqueren: Was da alles woran alles erinnert – vorzugsweise an Schlachten, Kriegstaten, Opfer – die Innenstadt ist gepflastert mit anonymen und benannten Kriegshelden, zu Fuß oder zu Roß. Es wird an Nelson erinnert und an Gordon – »gefallen in Khartoum« –, an die Maschinengewehrschützen und an Churchill, und man sieht es der Unmenge der Statuen an, daß sie nie eine Neubewertung, gar einen Bildersturm erlebt haben, im Gegenteil.

Auch der Bombergeneral »Dresden« Harris hat sein Denkmal bekommen; etwas von »Right or wrong – my country« hat nicht nur dazu geführt, all diese oft doch recht zweifelhaften Herren in Bronze gießen zu lassen, sondern auch dafür gesorgt, daß keiner vom Piedestal gestürzt wurde. Heute mag man Kolonialismus, Imperialismus und Bombenkrieg gegen die Zivilbevölkerung nicht uneingeschränkt bejahen – zu seiner Zeit waren das hoch achtbare Ziele und Handlungen, nichts, wessen sich die Leute schämen mußten, die damals solchen Ideen angehangen haben.

Daher haben auch die Nachgeborenen keinen Grund, sich für die damaligen Täter dergestalt zu schämen, daß sie deren Statuen schleifen – was damals Recht war, kann heute nicht Unrecht sein, auch wenn erobert, bekämpft, in Schach gehalten und ausgeplündert wurde: »Den Opiumkrieg gegen China muß man doch aus der Zeit heraus verstehen!« Und in der Tat sind all die Untaten des Kolonialismus zu begreifen, wenn sie in den Rahmen der Zeit eingebettet werden, in welcher sie begangen wurden; so dachten damals alle beginnenden Industrienationen, und lediglich England handelte uneingeschränkt danach und klopfte sich dafür auch noch mit Kipling auf die Schulter: »The white man's burden«.

Was da in London auf den Sockeln herumsteht, zeugt von Opfermut, aber auch von jeder Menge Raffgier, Eroberungslust, Mordwillen, Selbstbetrug und Betrugsabsicht – dennoch schreitet der Fremde den Bronzestatuenwald gelassen ab. Diese Stützen der Gesellschaft mögen in Einzelfällen Übeltäter gewesen sein, Schwerverbrecher waren sie nicht, und schon gar keine erfolglosen Schwerverbrecher bzw. Übeltäter, als welche die deutsche Führungsriege sich immer wieder entpuppte, allen voran Wilhelm II. und die Nazis, mit der Folge, daß nicht nur sie keine Denkmäler bekommen haben, sondern auch die nicht, die ihren Zwecken dienten, bis hinunter zu den tapferen Maschinengewehrschützen.

FACKEL UND KIENSPAN

Drei Bereiche in der National Gallery ergaben die sich steigernde Erfahrung, daß es im Grunde die Meisterwerke sind, die den Besuch lohnen, und nur die Meisterwerke. Was aber ist ein Meisterwerk?

Von Bereich zu Bereich wurden – mir – die Kriterien deutlicher, was wachsende Unduldsamkeit zur Folge hatte: Alles zu Große, zu Laute, zu Effektsichere und zu Inszenierte schied schon mal aus, und übrig blieb – ja was eigentlich?

Erst einmal die Gegensätze: Das Kleine, das Stille, das Intime, das Nichtinszenierte, das seines Effekts so Sichere, daß der nicht deutlich ausgestellt werden muß.

Im Sainsbury-Flügel machten dennoch Antonello da Messina und van Eyck das Rennen und nicht Botticelli und Rogier van der Weyden oder gar Memling. Bei den Malern des 16., 17., 18. Jahrhunderts blieb viel auf der Strecke, es hielten sich Holbein, Le Nain, Vermeer natürlich, Carel Fabritius, Velázquez. Je näher die Moderne rückte, desto grimmiger die Unduldsamkeit. All diese Konzeptmaler, die kein gescheites Handwerk mehr erlernt oder es über Bord geworfen hatten, um ihre Persönlichkeit zu verwirklichen oder irgendein zum Ziel der Kunst aufgeblasenes Darstellungsmittel, das in kundigeren Zeiten ein Ingrediens jedes guten Bildes gewesen war. Van Goghs rohe Farben, Seurats langweilige Bildtektonik, Cézannes Unfähigkeit, nackte Weiber zu zeichnen bzw. sie so zu gruppieren, daß aus dem Sujet nicht eine unsägliche Arsch- und Ballonparade wird – welch ein Niedergang! Damit der auch so recht spürbar wird, hängen im selben Raum auch Manets; noch einmal ist alles da, inklusive malerisches Raffinement, das sich nicht ausstellt wie auf den Bildern eines Boldini, sondern in den Dienst des guten Bildes stellt; noch einmal ereignet sich das Wunder, daß eine dreidimensionale, verwirrende Vielzahl von Informationen zweidimensional so zur Ruhe kommt, daß der Betrachter aufatmend das Gefühl großer Entlastung trotz großen visuellen Reichtums erfährt, daß er glaubt, dank des Bildes Bekanntes erstmals richtig zu sehen, daß er staunender Zeuge von derart vollkommener Meisterschaft bei der Beherrschung der Darstellungsmittel wird, daß er sich nicht nur erleichtert, sondern sympathetisch beflügelt fühlt; ein letztes Mal – zumindest in der National Gallery – also das große Glück vor großer Malerei und das Gefühl unbestimmter Trauer: Schade, daß es so enden mußte. Daß nicht Manets Fackel weitergetragen wurde, sondern Cézannes fragwürdiger Kienspan; aber auch der wurde ja bald fortgeworfen zugunsten immer schlichterer Konzepte, bis alles da endete, wo wir heute stehen: im Regen der Unsinnlichkeit, in welchem sogar das Flämmchen des Tafelbildes, bemalt mit was immer, zu erlöschen droht, damit nur noch Installation, Konzeptkunst und Videogeflimmer das Feld beherrschen – der Letzte macht das Licht aus.

»Hirsch an der Tankstelle«

Kanada 1989

Blanket Creek

– einer Komödie. Was klappert da so? (Und dann werden 1000 Dinge gesichert und verrückt und es klappert immer noch.)

– eines Gruselstücks. Da schleicht jemand um unser Wohnmobil! – Ach quack! (Und dann fällt eine Funktion nach der anderen aus, bis klar ist: Da draußen stört einer eine Funktion nach der anderen, um ein furchtbares Werk zu verrichten.)

*

Home-Mobile-Situationen unter besonderer Berücksichtigung der Paarsituation:
Steht der Wagen waagerecht? (Das ist nötig, damit der Kühlschrank fehlerfrei arbeitet.) Das Rangieren: Der Blick auf die Wasserwaage. Ist die Luftblase im Kreis, am Kreis, außerhalb des Kreises? Die Versuche, sich selbst zu betrügen, bis das Nichtfunktionieren des Schrankes (der Zündung des Propangases) unverkennbar mitteilt: zu schräg. Und neuerliches Rangieren etc.
Das Einparken, Rauswinken etc. – einer allein könnte so ein Ding gar nicht steuern. Die Mißverständnisse, die Vorwürfe.

*

Der Campground. Die Nachbarn und die Einschätzungen: Deutsche? Nichtdeutsche? (Sehr häufig Deutsche.) Läuft's? Läuft's nicht? (Etc.)

*

Der Kühlschrank, der wutt macht
A: Der Kühlschrank macht so komisch wutt.
B: Macht der überhaupt nicht.
Kühlschrank: Wutt.
A: Siehst du?
B: Du meinst: Hörst du. Wutt kann man nämlich nicht sehen, sondern nur hören.
A: Also gibst du zu, daß der Kühlschrank wutt macht.
B: Zugegeben, zugegeben. (Als ob ich der Angeklagte in Sachen Kühlschrank wäre. Was kann ich denn dafür, wenn der wutt macht?)
Kühlschrank: Wutt.

*

Technik als Männersache: Er nimmt das Manual in die Hand, er studiert es, er sagt Aha, er gibt Anweisungen, er ist verantwortlich dafür, wenn was nicht klappt.
Sie stellt nachts fest, daß jemand um den Wagen schleicht. Seine Beschwichtigungen, seine wachsende Furcht.
Ihre Ängstlichkeit, bestimmte Funktionssicherheiten betreffend, seine mit kühler Distanz vorgetragenen Beschwichtigungen, im Verlaufe derer er merkt, wie wenig er von den verschiedenen Funktionen versteht – geschweige denn von deren Sicherheit –, so daß er das Gespräch ärgerlich, fast patzig abbricht.
Was noch? Seine Reaktionen, wenn sie etwas besser weiß. Sein Dozieren, wenn er glaubt, etwas begriffen zu haben.

*

A: Die Streichhölzer sind wieder trocken. Ich tu sie mal hier oben hin.
B: Dann sind sie wenigstens nicht da unten.

Koa Campground: Ein Campingplatz zwischen dem Highway und einer Eisenbahnlinie gelegen, auf welcher Züge verkehren, die majestätisch tuten (in Abständen, jedoch die Nacht lang).

*

Hope: Ich fahre ab, um etwas einzukaufen, gerate direkt neben dem Highway in ein Konglomerat von recht windschiefen Kästen, alle sehr bumsig und schlicht. Erst als wir bereits einige Einkäufe gemacht haben, dämmert uns, daß wir nicht in einem kuriosen Ausläufer der Stadt Hope sind, sondern in Hope selber.

*

Abends Geräusche vom Baum, die nicht, wie erwartet, von einem Vogel herrühren, sondern von einem recht schiechen Hörnchen.

*

Die Sucht, alles als »attraction« zu bezeichnen, die Vielzahl historischer »sites« längs des Highway.
Die Ratschläge des Reiseführers Buster, der die Beschreibung jeder Stadt mit einer Checkliste abschließt: Die Blumensonnenuhr im Stadtpark – ansehen. Ins Historische Museum gehen.
(Der auch Ratschläge gibt, wo man sich fotografieren lassen kann.)

*

Merrit: Der Ort liegt in einer recht kahlen Berglandschaft und reizt zum Lachen, wenn man sich nähert. Fast planlos abgestellte Containerhäuser bemühen sich, durch winzige Zierpflanzen und vorgeblendete Ziegelstruktur den Eindruck von Solidem zu erwecken. Zugleich aber ist da die Empfindung, daß keiner der Bewohner sich in sein Los geschickt habe, ausgerechnet in Merrit gelandet zu sein. Vor allem betonen diese Häuser: Alles nicht so gemeint, bin eigentlich nur zum Spaß hier, was soll schon sein. Der Eindruck der Unseriosität setzt sich zwar bei näherem Kennenlernen des Städtchens fort, die Belustigung jedoch weicht der Rührung: Wie die da schlecht und recht versuchen, ihr Gemeinwesen überschaubar und ansprechend zu machen, das hat schon einen gewissen Charme.

*

Clearwater: Auf der Karte als Ort angegeben, ist Clearwater in der Realität nicht aufzufinden. Im Walde liegt eine Feuerwache, dort frage ich nach Clearwater. Wir sind in Clearwater, wird mir gesagt, und ein anderer ergänzt: Häuser werden Sie hier nicht sehen, die verstecken sich im Wald. Wir sehen ein Motel, eine Tankstelle, einen Bier- und Wein-Shop, eine karge Einkaufsmöglichkeit. Nirgendwo werden Besonderheiten oder Produkte des Landes angeboten – etwa geräucherter Lachs oder frische Forellen. Lachs gibt es in Dosen, das restliche Angebot ist so wie in ganz Nordamerika, nur, so kommt es mir vor, karger.

*

Wells Grange Park: Wir fahren etwa 30 Kilometer Schotterstraße bis zum Clearwater Lake Campground, auf dieser Strecke zeigt sich kein einziges Tier, nicht einmal ein Vogel. Tiere sieht man dann wieder auf dem Campground, jedoch nur kleine und wenige: Eichhörnchen, Raben, einen Fischadler, einen seltsamen Vogel mit Schopf, möglicherweise einen Steller's

Jay (oder einen Verwandten). Eine vierstündige Wanderung entlang des Sees – ein paar Robins, eine Schlange (eine Natter, schwarz-gelbe Längsstreifen, in den dunklen Streifen rote senkrechte Striche), ein Eichhörnchen. Über den endlosen Wäldern kein Vogel, ebensowenig tritt ein Wild aus der wilderness.
Es sieht so aus, als ob die Tiere hier die Gesellschaft der Menschen suchen, obwohl der Park-Führer mitteilt: Wildlife abounds. Besser paßt da schon die Information, daß einer der besten Plätze, ganzjährig Seevögel und Adler zu beobachten, der Stanley Park sei, und der liegt am Rande der Stadt Vancouver.

*

Kanufahrt auf dem Clearwater Lake, Halt an einem Zeltplatz für Einzelwanderer. Einige Schritte in den Urwald, der lichtdurchflutet ist und durch den ein aromatischer Wind geht, wie ich ihn noch nie gefühlt habe: eine bewegte Frische, der man es anmerkt, daß sie von weit her kommt und uralt ist. Ein Eichhörnchen, das Schaufressen macht, mir gegenüber aufgebaut, stolz den kleinen Pimmel zeigend.

*

Als ich in Frankfurt von Kanada sprach / schwärmte, waren meine Gründe für die Reise die vier Menschen pro Quadratkilometer (in Westdeutschland 240), die Tiere und die Gewißheit, dort noch heute gesunde Wälder vorzufinden. Eine mittlerweile nachhaltig erschütterte Gewißheit, wahrscheinlich eine widerlegte. Vom Flugzeug aus hatte alles noch vollständig intakt und wild ausgesehen, von nahem sind Krankheit und Tod der Nadelbäume unübersehbar selbst für den, der sich mit Begründungen wie »Waldbrand« oder »Einzelfälle« zu beschwichtigen sucht.

Und das tat ich anfangs, ganz so wie H., der bei Sils Maria, inmitten erkrankter brauner Arven, in aller Unschuld erklärte: Da reden sie so viel vom Waldsterben in den Alpen, dabei gibt es überhaupt keins. Ich jedenfalls sehe nichts.
Nun jedoch, nach zwei Tagen und vielen Kilometern Highway, ist kein Zweifel über die Schäden mehr möglich, und ich frage mich, warum die Wälder in den Naturschutzgebieten weniger geschädigt sein sollen: Ich bin offensichtlich zu spät gekommen.

DIE TIERE (1)

Natürlich gibt es hier Tiere, jedoch, verglichen mit der Weite des Landes, verhältnismäßig wenige. Während über deutschen Autobahnen die Falken rütteln und neben deutschen Autobahnen Rehe äsen und Reiher lauern, ist die Fahrt den Yellowhead Highway entlang eintönig. In der ungeheuren Weite zeigt sich kein Raubvogel, kein größeres Landtier, nicht einmal ein Kleinsäuger.
Dabei sind alle Prospekte voll von Angaben über die reiche Tierwelt, die aber zeigt sich nicht, bis auf die obligaten Eichhörnchen: Ein Tag durch menschenleere Gebiete (von Clearwater zum Mount Robson) brachte eine Weißwedel-Hirschkuh, ein weiterer Tag, vom Mount Robson nach Pocahontas, neben einigen Möven und Wasservögeln lediglich die allerdings überraschende Begegnung mit zwei Bighorn-Schafen, die nicht an der auch im Reiseführer eingetragenen Disaster-Point-Salzlecke standen bzw. leckten, sondern etwa 50 Meter weiter highwayaufwärts lagen bzw. standen, direkt an der Straße und gänzlich ohne Scheu vor den sich rasch vermehrenden Touristen, die ihre Wagen geparkt und die Fotoapparate mit-

gebracht hatten – einer berührte so ein Schaf sogar, etwas, was sich kein deutsches Reh gefallen lassen hätte –, wo ist denn da eigentlich die wilderness?
Natürlich sollte man nicht von diesen zwei Bighorns auf die zumeist anständigen Wildtiere der Rockies schließen, dennoch stellt sich auch hier wieder die Frage der Authentizität: Wer einerseits in die Südsee reist, um den genuinen Wilden zu finden, der erwartet vom Norden auch das genuine Wildtier, ein letztlich ebenso unmögliches Wesen wie der unschuldige Wilde des Südens. Während der seine Unschuld just in dem Moment (spätestens in dem Moment) verliert, in welchem der wohlmeinende Tourist ihn entdeckt hat, ist das Wildtier in dem Moment kein wildes Tier mehr, da es von den Forstbehörden durchgehend erfaßt lebt, von der Fremdenverkehrsindustrie als Verkaufsargument eingesetzt wird und von selbst auf die Segnungen eines Lebens als Touristenattraktion kommt: Obgleich überall die Hinweisschilder stehen, daß das Füttern von wildlife unlawful sei, kann lediglich die Aussicht, gefüttert zu werden, Dickhornschafe dazu bringen, sich am Highwayrand niederzulassen.

DIE TIERE (2)

Seit heute hat sich mein Blick auf die kanadische Tierwelt verändert, wobei ich vorerst lediglich registrieren kann, nicht interpretieren will. Ein Tag voller Tierbegegnungen unter unterschiedlichsten Vorzeichen und Umständen: Am Vormittag, auf dem Yellowhead Highway Richtung Jasper, stoppen wir, weil da schon viele Wagen halten. Am Highwayrand äst ein Elk, also ein amerikanischer, starker Hirsch. Als ein fotografierender Japaner ihm zu nahe kommt, weicht er aus – er hält also

eine gewisse Fluchtdistanz. Ein stattliches, vollgefressenes Tier, das äst und säuft und dann davonzieht, ein Auftakt dessen, was uns bei der Fahrt zum Maligne-See erwartet.
Zuerst zwei Bighorn-Schafe links der Straße, dann ein größerer Menschenauflauf und Wagenpark längs der beiden Fahrtrichtungen, erst vermute ich Schafe, dann, weil etwas Raubtierhaftes seinen Weg durchs Grün geht, einen Kojoten, schließlich ist es ein mittelgroßer Grizzly, der die Beerenbüsche abweidet. Auch diesmal steigen Fotografen aus den Wagen, wieder fragen wir uns, wie es ums Selbstverständnis dieses Wildtiers bestellt sein mag, das da keine Reaktion auf die anderen Lebewesen zu zeigen scheint. Stimmt nicht ganz. Die Straße überquert der Bär im Laufschritt, dann trollt er sich – und das sind immer die schönsten, weil, zumindest der Situation nach, authentischsten Bilder vom Tier. Eine selbstvergessene Kraft, ein nur schwer auszumachender Umriss, eine flirrende Farbe, die sich einzig durch die Bewegung abhebt von den Farben der Umgebung – und so fortan: Ein Weißwedelhirsch, wieder von Fotografen umlagert, und dann der Hörnchenreigen am Lake Maligne, die Rothörnchen, Columbianischen Erdhörnchen, Chipmunks. Dazu: Muledeer-Kühe, die sich überall breitgemacht hatten, auf dem Parkpatz, längs der Promenade, im Bootshaus, in der aufgelassenen Feriensiedlung (mit zwei Jungen), in der Natur schließlich, wo wir lange eine offenbar vollkommen angstfreie Kuh beobachteten, fressend, durchs Wasser watend, trinkend.
Am normalsten noch – europäischen Normen entsprechend – benahmen sich die Vögel: Kanadische Wildgänse, Schwalben, Sandpfeifer, Jays bzw. Jay-Verwandte – sie alle waren zwar auch vorzugsweise da anzutreffen, wo Menschen waren, sie hielten jedoch auf Abstand und Würde; keiner von ihnen gab sich auch nur den Anschein, als habe er Gefallen am Fotografiert-

werden gefunden. (Freilich wurde auch keiner fotografiert, wie ja nie ein Kleiner ins Rampenlicht gerät, bei Menschen nicht, bei Tieren nicht).
Zusatz: Der Bär hatte eine gelbe Plastikfolie hinter dem rechten Ohr, er war also registriert und wurde möglicherweise sogar von der Bärenkontrollstation Jasper honoriert.
(Mal im Ernst: Fällig wäre ein Handbuch für zahm lebende Wildtiere mit Vorschlägen für etwas wilderes Verhalten.)

*

Roberts Vertrag mit der Mücke, gilt weltweit:
Ich steck dich nicht ins Sweatshirt – du stichst mich nicht ins Sweatshirt.

DIE TIERE (3)

Wir waren stundenlang eine relativ ruhige Straße zum Mount Edith Cavell gefahren, ohne mehr Tiere zu sehen als ein größeres Groundsquirrel und eine Maus. Wir waren die Strecke sehr langsam zurückgefahren, da uns zwei alte Damen mit ihrem Van in die Seite gedonnert waren – angeblich hatten die Bremsen nicht reagiert, und nun war es passiert: Ein Blech berührte beim rascheren Fahren den hinteren Reifen, also langsam fahren. Doch auch auf der Rückfahrt durch all den Wald war die einzige Ausbeute ein Rothörnchen, das über die Straße schoß. Dann aber, als wir uns am Ortseingang von Jasper in einer Texcan-Station danach erkundigen wollten, wo ein Mechaniker aufzutreiben sei (um 6 Uhr abends, sonnabends …), da schritt ein Whitetail-Hirsch durch das Tankstellen-Areal, überquerte den Highway 93, ging auf die Häuschen und Gärtchen zu, zögerte kurz vor einem Holzzaun, sprang dann in

den kleinen, geschützten und allem Anschein nach nicht verlockend bepflanzten Garten eines dieser Häuschen und blieb erst einmal da.
Am Morgen noch hatte ich geglaubt, dank einer Park-Information, zu begreifen, warum diese großen Tiere längs der Highways stehen: Die Straßen führten durch traditionelle Weidegebiete, die regelmäßig gelichteten Highwaystreifen zudem böten sonnenbeschienene saftige Nahrung.
Na gut. Doch was macht eine Hirschkuh im Bootshaus (Lake Maligne), was ein Hirsch an einer Tankstelle? Zur Zeit ist doch wirklich überall Nahrung zu finden – warum gehen die Viecher dorthin, wo es gar keine gibt – statt dessen nur Menschen? Suchen sie möglicherweise lediglich Gesellschaft (»Kann meinen Freund Harry, der schon so oft vergeblich auf mich gezielt hat, jetzt einfach nicht ohne Gute-Nacht-Gruß lassen«)? Ist es das? Wirklich?

*

Einer hat in Kanada eine Elch-Tröte gekauft, in Frankfurt führt er sie auf seinem Balkon lachend Freunden vor, an allen Fenstern erscheinen Elche.

DIE DREI ANSTRENGUNGEN DES REISENS ZU EINEM ZIEL

1. Mann allein. Er will alles sehen, alles erleben, damit ihm später niemand vorhalten kann: Was? Du warst in XY und hast Z nicht gesehen?
2. Mann mit Frau. Da will er, daß auch sie all das sieht und erlebt, was er ihr so angeregt geschildert hat; da muß er häufig viel Energie darauf verschwenden, ihr die glücklichen Um-

stände seines Erstbesuches vor Augen zu führen, damit sie ihn nicht für einen allzu begeisterungsfähigen, unkritischen Kopf hält: Als ich damals hier war, da hat die Sonne geschienen, und dann war da dieses Volksfest – aber das ist immer nur im Juni, etc.

3. Mann mit Freundin – da muß er sich anstrengen, daß er seine Frau und das, was er an diesem Ort mit ihr erlebt hat, rausläßt (die häufig durchgespielte Variante ist noch mühsamer: Der Mann fährt mit der Frau an einen Ort, an welchem er bereits mit der Freundin war, und muß nun so tun, als ob er den Ort gar nicht kennt, und wenn sie für ein erstbestes Hotel optiert, nicht sagen: Es gibt noch ein besseres, sondern: Laß uns noch etwas weitersuchen – ich glaube da so etwas von einem sehr gemütlichen Hotel gehört zu haben, »Alpenblick« oder »Edelweiß« oder so ähnlich …)

DIE TIERE (4)

Zwei ausgedehnte Spaziergänge erbrachten wieder den Beleg, daß die wilderness völlig tierleer zu sein scheint: Kein größerer Vogel, kein noch so kleines Säugetier. Dafür ist auf dem Campground immer etwas zu sehen. Am Morgen einige Grey Jays, dann ein kühnes Eichhörnchen, das mit ausdruckslosem Gesicht – fast hätte man es für töricht halten können – daran ging, zielstrebig unseren Nachmittagskaffeetisch zu erkunden: Ran an den Tisch, rauf auf die Bank, von da auf den Tisch, aufs Schälchen gestützt, einen Keks probiert. Das Schälchen kippelt, das Hörnchen läßt ab, der Krach schreckt es nicht, es macht einen zweiten Versuch, der gelingt. Mit einem Keks im Maul läuft es davon, der Keks wird an einer nahe gelegenen Stelle verbuddelt, in einem Areal voller Löcher und voller

Haufen, alle gebildet aus Tannenzapfen, Beeren, angefressenen Pilzen und ähnlichem.

DIE TIERE (5)

Ein guter Platz, Muledeer-Hirsche zu beobachten, ist die Polizeiwache in Jasper. Dort rennt auch das Rothörnchen die grobgetünchten Mauern auf und ab, während auf dem Boden das Columbianische Erdhörnchen auf- und abhuscht. Schneeziegen dann gegenüber einem vielbesuchten Aussichtspunkt am Highway 93, eine Ziege mit zwei Jungen, die irgendwann genug von der einen Highwayseite zu haben schienen und unbedingt unter die schattigen Bäume des Aussichtspunktes wollten. Die Ziege und das Kleinere überquerten die beidseitig befahrene Straße einigermaßen geübt und lässig, das Größere der Zicklein stellte sich recht ungeschickt an. Ich sah es bereits unter Reifen enden, doch die rasch fahrenden Autofahrer bremsten noch rechtzeitig. Passierende Busse (Touristen) fuhren an der Stelle, welche die Ziegen verlassen hatten, langsamer und erhöhten dann wieder die Geschwindigkeit, woraus ich schließe, daß an dieser Stelle gewohnheitsmäßig Schneeziegen zu sehen sind. In der Tat erzählte eine Touristin aus Manitoba denn auch, sie habe etwas von einer siebzigköpfigen Herde gehört, die sich in dieser Gegend aufhalte. Gut – aber warum am Rande des Highways?

DIE TIERE (6)

Eine Vier-Stunden-Wanderung zum Wabasso-See brachte nur ein bisher unbekanntes Tier, den Pine Grosbeak (möglicherweise ein White-winged Crossbill), einen größeren, hauptsächlich roten Vogel, der in Nadelhölzern zugange war. Da wir um 9.15 losgegangen waren, sahen wir noch einige Hörnchen und Kleinvögel – auf dem Rückweg, ab 11.45, war in der gleichen Region nichts mehr zu sehen. Dennoch erstaunte mich auch diesmal wieder die Eintönigkeit der Tierwelt, besser: die Einförmigkeit. Wir kamen durch sehr gemischte Gegenden, Heide, Sumpf, Wald, Bach, See – kaum Insekten, keine Würmer, Schnecken, Frösche, Kröten, Raubvögel – wo laufen sie denn?

TOURIST IN DER WILDERNESS

In den Nationalparks gibt es sicherlich mehr naturbelassene Wildnis zu sehen, als ich vorher je zu Gesicht bekam, dennoch stellt sich das Gefühl, in der Wildnis zu sein, mir nur selten ein. Obwohl es zur Definition von Wildnis gehört, daß sie unwegsam ist, wird sie von breiten, und während der Feiertage auch überfüllten, Highways durchschnitten, die dem darauf Reisenden je länger je mehr das Gefühl geben, sich in einer Art Freigehege zu befinden, welches er in einer angemessenen Geschwindigkeit zu durchfahren hat, da die anderen auch etwas sehen wollen.
Zumindest der Autofahrer hat zu den Highways keine Alternative. Die wenigen kleineren Straßen in den Parks sind meist Stichstraßen, die zu Touristenattraktionen führen, so daß der autofahrende Tourist unter seinesgleichen ist: Die Freude, der Autobahn zu entrinnen und durch, beispielsweise, südniedersächsische leere Zonenrandgebietstraßen zu fahren, dieses Aufatmen und Gemächlichwerden, das ziellose Fahren und das ungeplante Anhalten – all das ist ausgerechnet da nicht

möglich – jedenfalls nicht während der Hochsaison –, wo der Reisende erwartet, zu den Quellen seiner Existenz zurückzukehren, dorthin, wo alles Natur war, bevor die Zwänge ihn zu dem machten, was er ist, in der Wildnis also. Sicherlich wäre eine Wildnis mit Seitenstraßen noch weniger Wildnis, weil noch wegsamer, doch ist kaum ein dümmerer und peinlicherer Kontrast denkbar als der, Stoßstange an Stoßstange durch eine nicht nur unberührte, sondern auch unerfahrbare Natur zu eilen, aus keinem anderen Grunde als dem, daß man diese Naturschönheiten gesehen haben muß. Daß sich andere diesem Muß beugen, weiß und belächelt man, um so größer dann Zorn und Ärger darüber, sich ebenfalls unter diesen anderen wiederzufinden, kein bißchen klüger, erfahrener, mit einem Wort: kein bißchen anders.

Da spätestens muß der Reisende sich eingestehen, daß er ein ganz gewöhnlicher Tourist ist und dies auch überall da bleiben wird, wo ihn nicht Notwendigkeit oder Geschäfte, sondern die Suche nach Gemütswerten in Bewegung setzt, also so gut wie überall auf dieser Welt. Wobei allerdings ein Unterschied besteht, ob er den wohlhabenden Norden bereist oder den armen Süden. Während er in der Dritten Welt im besten Fall betrogener Betrüger ist (im schlechtesten schlichter Betrüger), ist er unter seinesgleichen im besten Fall der Dumme (und im schlechtesten der Betrogene).

DIE TIERE (7)

Auf dem Wilcox Campground kommt alles zusammen, was wir gestern mühsam erwanderten, vier Erdhörnchen-Arten und Tannenhäher. Der Platz liegt ca. 1400 Meter hoch, wegen eines Erdrutsches blieben wir in der Gegend des Sunwapta-

Passes. Von den angekündigten Mufflons zeigte sich auf der Gletscherstraße kein einziges, dafür ist im Mountain Guide zu lesen, in Banff sei der ständig dort ansässige Hirsch Bruce gestorben, zehnjährig, nachdem sein Geweih zum zweiten Mal in die Weihnachtseinkaufsdekoration geraten sei.

DIE TIERE (8)

Der Gerechtigkeit halber muß ich zugeben, daß so gut wie jeder Ausflug wenigstens die Bekanntschaft einer neuen Tierart vermittelt – heut waren es die Pica-Pfeifhasen. L. hatte einen auf einem Geröllfeld längs des Wanderweges entdeckt, auf dem Rückweg, aufmerksamer geworden, hörten wir den Ruf mehrfach und konnten auch mehrere Hasen ausmachen, beobachten und längere Zeit dabei verfolgen, wie sie Wintervorrat anhäuften und über das Geröllfeld bis zum angrenzenden Bewuchs huschten. Kleine Tiere mit ausgeprägten runden Ohren, die perfekten Kuschel- und Knuddelwesen. Längere Zeit saß einer ganz nah vor mir, witterte, stieß seinen Pfiff aus. Hatte er huschend doch etwas Rattenhaftes gehabt, so wirkte er nun niedlich wie ein Koala, wäre da nicht dieser nagerhafte Zug um die Nasenspitze gewesen.
Immerhin etwas, doch waren wir immerhin um 5.15 aufgestanden, ursprünglich um im Morgengrauen die Elche auf dem Moose Marshland grasen zu sehen. Doch dort sahen wir sie ebensowenig wie auf dem bisherigen und dem restlichen Icefield Highway, der immerhin häufig als jene Straße genannt wird, von der aus man die meisten Tierarten beobachten könne. Um 9.30 etwa waren wir derart müde, daß wir auf einem Parkplatz schliefen, die Pfeifhasen zeigten sich bei der anschließenden kurzen Wanderung.

LAKE LOUISE

Die Reiseführer schreiben, er sei 1882 entdeckt worden, von einem Weißen, Tom Wilson, dem Indianer von einem See in den Bergen erzählt hatten. Ein Indianer führte den Entdecker denn auch zum See, worauf der derart von seiner Entdeckung schwärmte, daß der See heute die allergrößte Touristenattraktion in diesem an schönen Seen so reichen Land ist. Aber die Mona Lisa ist ja auch die größte Touristenattraktion im an schönen Bildern so reichen Louvre, und so stauen sich vor beiden, dem See und dem Bild, die Schaulustigen, ohne daß letztlich zu begründen wäre, warum eigentlich gerade dieser See und dieses Bild.
Beim Lake Louise mögen Bilder die Ursache gewesen sein. Von allen kanadischen Seen scheint er mir der schweizerischste zu sein, schweizerisch verstanden als gelungene Mischung von majestätisch, pittoresk und anheimelnd – etwas, was Bilder in der Regel besser leisten als die meist weniger nuancenreiche Natur. Hin und wieder aber scheint sie es geradezu den Bildern nachzumachen, da sind dann vorne milde Matten, da fassen symmetrisch gekurvte Berghänge einen fast ovalen smaragdgrünen See ein, da wird die Szenerie durch einen fast waagerechten Gletscher abgeschlossen – eine reife Leistung. Kein Wunder, daß in dieser gelungenen Szenerie in den zwanziger Jahren ein Hollywood-Film gedreht wurde, welcher vorgab, in der Schweiz zu spielen, verständlich, daß die Massen diesen Ort aufsuchen, obgleich kein Bergführer es versäumt, vor den dortigen Touristenmassen zu warnen. Aber was hatte mich dazu bewogen, mich unter die Massen zu reihen? Und warum fuhr ich auch noch zum Geheimtip Lake Moraine, der dann natürlich ebenso besucht und zugeparkt war? (Erst ein Fußweg zum Consolation Lake führte zu einem etwas ein-

sameren See – obgleich auch auf diesem Pfad noch reichlich Leute unterwegs waren und die ständige Frage, ob ein »Hi« angebracht sei, eine ziemliche psychische Belastung darstellte.) Vielleicht mußte das alles sein, damit ich auf diese Weise von den beiden Entdeckern des Lake Moraine erfuhr, Freunden, die laut Schautafel den See entdeckten, worauf der eine ihn Heejee-See taufte, der andere ihn jedoch Jahre später in Moraine Lake umtaufte – eine Geschichte, die mir voller Rätsel und Abgründe zu sein scheint, vielleicht völlig zu Unrecht.

*

Zu Unrecht. Moraine ist nicht, wie ich vermutete, ein Frauenname, sondern bedeutet Moräne.

DIE TIERE (9)

Die Tiere und die Tiere (und die Tiere): Die, die scheu dem Menschen aus dem Wege gehen; die, die seine Gegenwart nicht beachten; die, die ihn suchen.

Hier in Banff und Umgebung gibt es alle drei Sorten. Scheu sind stets die Mäuse, die kleinen Vögel, die Kleinraubtiere, die denn auch nie zu sehen sind. Desinteressiert sind Hirsch und Rothörnchen, Robin und Rabe. Das Rothörnchen räumt zweimal den Tisch ab, jedoch es bettelt nicht – jedenfalls nicht auf den Campgrounds. Und dann sind da noch die deutlich Interessierten, die übrigen Hörnchen, die Tannenhäher, die Mufflons. Auch der Bär würde dazugehören, hätten ihn nicht strenge Gesetze und neue Müllentsorgungstechnologien zunehmend daran gehindert, die Abfalleimer zu plündern und sich in menschliche Zusammenhänge einzugliedern.

All diese Tiere sind Tiere. Die Gemütswerte, die sie vermitteln, sind jedoch himmelweit voneinander entfernt. Nur bei scheuen Tieren, die sich unbeobachtet wähnen, bin ich wirklich und wahrhaftig Gott: bewußter Zeuge eines seiner selbst unbewußten Lebens, das in aller Unschuld Verrichtungen nachgeht, die sofort unterblieben, wüßte sich das / die / der Beobachtete beobachtet. Nur da aber bin ich auch wirklich Mensch, da nur das Tier, das sich nicht auf mich bezieht, mir einen Begriff gibt von der Möglichkeit einer Existenz außerhalb meiner Nöte und Werte, Zwänge und Bedenken. Das sich unbeobachtet wähnende wilde Tier ist die perfekte Verkörperung des Traums vom edlen Wilden, sofern man edel mit unverstellt und wild mit »keiner uns bedrückenden Norm unterworfen« übersetzt. Und so, wie der edle Wilde zum verächtlichen Geschöpf dann wird, wenn er seine Mythen und Riten als Schauwerte verkauft – in den zwanziger Jahren sponserte die Canadian Pacific Railway Company Indianertage in Banff, um den Tourismus zu heben, sie fielen dann der Rezession zum Opfer –, so verrät ein Tier alles, was es mir lieb und teuer macht, wenn es sich vom scheuen Wild zum dreisten Bettler wandelt, wie jene Mufflons, drei, vier Weibchen und ein Junges, die sich an der Straße des Two Jack Lake herumtrieben und in bester, aufdringlichster südeuropäischer Bettlermanier die Köpfe in die parkenden Wagen drängten, so schamlos, daß ich auch das vorgeführte Junge für Berechnung zu halten bereit war, analog zu den Kleinkindern, die jugoslawische Zigeunerinnen in Rom und anderswo mit sich tragen und die keineswegs von jener Frau in die Welt gesetzt sein müssen, die es gerade im Arm hält. Eine Betrachtungsweise, die natürlich auf eine Bewertung hinausläuft, darauf, daß es gute und schlechte Tiere gibt, reine und verdorbene, authentische (natürliche) und – wenn man so will – gefälschte (verbogene, unnatürliche) –, und das sind reichlich wacklige Urteile. Denn wenn es in der Natur bestimmter Tiere – der Schaftiere beispielsweise – liegt, bildbar, formbar, anpassungsfähig zu sein – warum sollte der Mensch dieser natürlichen Anlage nicht Vorschub leisten? Es gibt ja immer noch genügend nicht formbare Wesen, den Vielfraß beispielsweise, den nicht einmal der Nationalparkwächter zu Gesicht bekommt und dessen Lebensweise immer noch nicht erforscht ist – ein Tier also, dessen Scheu ebenso natürlich zu sein scheint wie die Fähigkeit der Bergschafe, diese Scheu abzulegen.

Von den Tieren der Galapagos wird gesagt, sie hätten die Scheu vor dem Menschen nie entwickelt, da sie aufgrund ihrer Geschichte keine schlechten Erfahrungen mit ihm gemacht hätten; von Ratten weiß man, daß sie in der Regel in Städten so zahlreich sind wie der Mensch, dennoch habe ich in den zwanzig Jahren in Frankfurt erst zwei lebendige und ein, zwei tote Ratten gesehen – so wären denn sie die authentischsten, weil scheuesten Tiere?

Eine Zweiteilung, die oft durch ein und dieselbe Art läuft: das edle (scheue) Bergschaf, das sich nur dem zeigt, der es in seinen Bergwänden aufstöbert (und stört), dem Bergwanderer also, und das gemeine Bergschaf, das den edlen Menschen nicht flieht, sondern ihm da auflauert, wo er problemlos hinkommt, am Straßenrand also. Eine Gemeinheit, der die Parkverwaltungen durch Aufklärung zu steuern suchen: Ein Bergschaf sollte Graser, nicht Bettler sein. Aber wenn es doch so gerne bettelt? Oder anders: Wie läßt sich eine Wildnis per Gesetz noch aufrechterhalten, wenn alle Tiere im Zentralcomputer in Toronto erfasst werden, den Elchen Sender eingepflanzt sind, die Wapiti-Hirschkühe Halsbänder tragen und die Bären durch Plastikstreifen gekennzeichnet sind? Wenn die Tiere eine Touristenattraktion darstellen, die einerseits Geld bringt, dem Touristen andererseits das Recht gibt, mit Tierbegegnungen zu

rechnen – zwar wird er davor gewarnt, seine Erwartungen allzu hoch zu schrauben, sollten sie jedoch gänzlich unerfüllt bleiben, würde er bzw. seine Spezies sich zu Recht beklagen bzw. wegbleiben. Also muß es in diesen Parks eine berechenbare Anzahl von Tieren geben, die ihre (natürliche?) Scheu abgelegt haben, also muß auch der Parkwächter, möglicherweise zähneknirschend, den Hirsch in der Innenstadt gewähren lassen: Er hat es ja so gewollt, und die Leute wollen es auch so.
Aber wollen sie das wirklich? Wollen die Leute das Kaufhausbild? Wollen sie nicht vielmehr die Kunst? Wollen sie die Bergstämme-Show in Chiang Mai? Wollen sie nicht vielmehr das Abenteuer? Wollen sie den Hirsch im Vorgarten? Wollen sie nicht die unverstellte Natur?
Statt dessen bekommen sie allüberall Ersatz und sind es auch noch zufrieden. Aber wer bin ich, sie dafür zu tadeln, da ich doch am besten um beides wissen müßte, darum, wie wahnsinnig diese Ansprüche sind, und darum, wie unverzichtbar es ist, daß sie erfüllt werden, in welcher Form immer, wie reduziert, heruntergekommen, beklagenswert, lächerlich immer: Wie fragwürdig mittlerweile jedwede Authentizität geworden ist, der Wunsch danach scheint unbezweifelbar authentisch zu sein – hielte er sonst so viele Menschen auf Trab?

NATURMUSEUM

Von den Betreibern werden die Parks »natürliche Museen« genannt, und ebenso sieht sie der Tourist: Er weiß, daß er in diesem Gebiet die Gelegenheit hat, eine Reihe von Tierarten zu sehen, und dementsprechend erfreut und aufgeregt reagiert er, wenn er wieder eine neue Art zu Gesicht und, was noch wichtiger ist, vor die Kamera bekommt. In allen Reiseführern

finden sich daher auch Hinweise darauf, welche Arten man am ehesten beobachten kann, Salzlecken längs der Straße werden ebenso angeführt wie günstige Aussichtspunkte: Moose Meadows zum Beispiel, oder Schneeziegenstandorte. Hinweise, die nicht ohne Berechtigung sind: An allen vier Minerallecken (Salzlecken, Animal Lick), die wir passierten bzw. observierten, sahen wir Wild, Mufflon, Schneeziege, Weißwedelhirsch, Elch – die Moose Marshlands jedoch waren stets unergiebig, jedenfalls was Elche betraf.
Lustig wäre nun ein Kunstmuseum, das ähnlich wie ein Tierpark funktioniert, in welchem die Bilder nicht mit Sicherheit an immer den gleichen Stellen zu sehen sind, sondern nach etwas undurchsichtigen Regeln mal hier, mal da und mal gar nicht auftauchen und, falls sie es tun, auch nur für begrenzte Zeit, um sodann wieder in anderen Sälen zu verschwinden.
So daß z. B. Prado-Führer denkbar wären, in welchen versichert wird, die Aussicht, in diesem Museum Velázquez zu sehen, sei ausgesprochen groß, wenn auch nicht hundertprozentig. Die Spaniersäle – allerdings wurde ein Velázquez auch schon bei den Holländern beobachtet. Sehr gut eignet sich der Prado auch für Bosch-Studien, in einem Saal wurden bereits fünf Exemplare auf einmal gesichtet. Natürlich kann nicht jeder Kunstfreund mit einem derart glücklichen Zufall rechnen, doch mit etwas Geduld etc.

BÄRENFANG

Am 10. (Donnerstag) sehe ich auf der Campsite 15 ein Gerät, auf welchem »Danger« steht und »Bear Trap«, ein Rohr auf Rädern, hinten eine geöffnete Tür, vorne vergittert. Der Warden bestätigt, damit solle ein Braunbär gefangen werden, am

Montag hätten sie bereits einen geschnappt. Die Bären kämen jetzt gerne in den Campground, da die Äpfel und Beeren reif seien – der umgekippte Mülleimer am See ginge auch auf das Konto eines Bären. Womit er denn den Bären locken wolle? Er zeigt eine Plastiktüte voller Würstchen.
Am Morgen um fünf gehe ich zur Falle, sie steht immer noch auf der Campsite, inmitten campierender Wagen, ist also nicht an einen entfernteren Ort gebracht worden, etwa einen Badesee. Vom Dickicht führen Würstchen in das Innere der Falle, schließlich zu einem Metallstab, vermutlich dient der dazu, den Mechanismus auszulösen, der die Fallentür zuschlagen läßt. War aber diesmal nichts. Am Abend zuvor, am Feuer hatte L. Geräusche im Beeren- und Farnfeld gehört, das unsere Site vom See trennt, von einem Menschen oder einem Bären, hörst du sie nicht? Später im Bett beginne ich das Buch »In Annas Namen«, dem die Autorin Helga Schütz ein Motto vorangestellt hat: »Und in der Nacht, wenn uns ein Grauen befällt / Wie leicht, daß man den Busch für einen Bären hält!« Aus: Ein Sommernachtstraum.
Fünf Stunden nach meiner Inspektion der Bärenfalle gingen wir zum See, dort waren während der Nacht beide Mülleimer durchsucht und durchwühlt worden, die Karton- und Plastikreste liegen weit verstreut: Der Bär war da!

*

Jeder Blick hat seinen Reiz
Dieserhalb und andererseits.
Nehmen wir nur den auf Genf
Oder den auf scharfen Senf:
Jemand, der ein Würstchen ißt,
Kaum den Blick auf Genf vermißt.

PAARSITUATIONEN

Er kommuniziert deutsch mit einem Rothörnchen, das schimpft; sie schämt sich, da alles in der Nähe der Kanadier stattfindet, geht weiter.
Sie bringt die Tiere durcheinander.
Er ist Naturkundler, sie Kunstgeschichtlerin.
Sie verwechselt Zitterpappeln und Birken.
Interesse an Wasserfällen, an Paaren und ob sie es noch treiben.
Sternschnuppen, die nur er sieht.
Er hat ihr bereits früher Bärenangst eingeflößt.

*

Das Motorrad als Braut des Mannes.
Sie: »Es übernimmt also jene Funktion, die sonst die Frau für den Mann erfüllt, nämlich ihn mit Gebrumm sehr schnell von einem Ort zum anderen zu bringen? Interessant.«

*

»Gib mir mal die Mappe von British Columbia.«
»???«
»The Map of British Columbia.«

*

»Schau mal hier den rötlich gefärbten Himmel an.«
»Ich kann mich gerade noch beherrschen.«
»Du hast überhaupt kein Gefühl.«
»Ich habe schon viel rötlicher gefärbte Himmel gesehen.«
»Ich auch.«
»Das war eine schlechte Antwort. Die erlaubt ja überhaupt keine Weiterführung des Gesprächs.«

SEELÖWENFELSEN

Das Tierleben am Long Beach kann neidisch stimmen. Von jeder Art, die hier vertreten ist, gibt es gleich Dutzende, wenn nicht mehr, und jedes Individuum lebt im Verband: Die Möve, der Kormoran, die drei Strandläufer und die Seelöwen. Es geht nicht ohne Streit ab, doch es gibt Momente magischer Übereinstimmung. Dann, wenn Hunderte von Möven ohne ersichtlichen Grund hochfliegen, einige Runden drehen und sich wieder an den Ausgangspunkt zurückbegeben, besonders aber bei den Formationsflügen der Strandläuferschwärme, die als Kippfigurenensemble dicht über dem Boden allesamt entweder die helle Unterseite zeigen oder, wie auf Kommando, die braunen Rückenfedern.

Auf drei größeren Felsen liegen die Seelöwen, von Fels zu Fels in unterschiedlicher Zahl, aber immer ebenfalls zu Dutzenden. Nachts seien sie aktiv, wird auf einer Schautafel behauptet, tags sind sie unterschiedlich kregel, wobei es auch da Unterschiede von Insel zu Insel gibt, die mittlere Inselpopulation ist am kregelsten. Allerdings auch nur zu bestimmten Zeiten, z. B. am späteren Nachmittag bis 17 Uhr 30, 18 Uhr. Danach regt sich auf dem Fels erst mal nichts mehr, und dabei war der noch eine Stunde zuvor ein auch fürs bloße Auge ständig sich verändernder Schattenriß, ein aufs merkwürdigste wuchernder Felsbrocken, durchs Glas sah man dann mehr: Wie da imponiert und gestritten wurde, ins Wasser gesprungen und wieder ans Trockene geklettert. Doch nicht alle beteiligten sich an diesen Aktivitäten. Der größere Teil schlief, aneinander und wohl auch aufeinander geschmiegt, sofern sich zentnerschwere Tiere überhaupt schmiegen können. Doch, von weitem sah es so aus, und nachdem ich die Seelöwen immer wieder und zu verschiedenen Tageszeiten gesehen habe, heute morgen auch

im prallen Sonnenlicht, finde ich ihre Lebensweise, je länger desto mehr, sehr anrührend, ob sie sich nun in die Brust werfen oder wie die Sandsäcke ruhen.
Wie sie da mit diesem kargen, schrundigen Fels vorliebnehmen, nichts verändern, nichts polstern, nichts hinzufügen, erfüllen sie einen Teil jener asketischen Ideale, die alle hochstehenden Kulturen und Kulturmenschen zumindest in Gedanken entwickelt haben und hochhalten, ich natürlich mit eingeschlossen. Nur daß die Seelöwen die ihnen erreichbaren Freuden des Lebens sicherlich nicht verschmähen, das gute Bad, den guten Fisch, die gute Seelöwin: Asketen, von denen Kulturen und Kulturmenschen nur lernen können.

*

Was haben kleine Kinder und große Philosophen gemeinsam? Daß sie sich noch darüber zu wundern vermögen, daß sie staunen können.

ZWEI, DREI WORTE ZUM KANADIER / WEST

Selten habe ich so viele ungeschlachte und so wenige hübsche Menschen gesehen wie in diesen Wochen. Von einem bestimmten Alter an, so um die Zwanzig scheint es, aber häufig schon als Kind, verliert der West-Kanadier offenbar jedes Interesse an seiner physischen Erscheinung und daran, wie diese sich drapiert: Das viele Fleisch wird je nach Außentemperatur in ein dickes Oberteil und Jeans oder ein T-Shirt und kurze Hosen gesteckt und sehr schamlos herumgeführt, wobei sich häufig zwei Ungeschlachte zusammentun und im Betrachter die Frage aufwerfen, ob zuviel Fett Männern oder Frauen schlechter bekommt.

Selbst nicht der Schlankste, betrachte ich diese Fetten ohne Gnade. Es ist eine Fettheit ohne jede Grazie, nicht nur die Gestalten, auch ihre Bewegungen sind ungeschlacht, oft sind die Oberschenkel so dick, daß es den Besitzern unmöglich ist, ihre Beine zu schließen. Das könnte den Geschlechtsverkehr begünstigen, wären da nicht die Bäuche, die jedes Zusammenkommen der Geschlechtsteile illusorisch erscheinen lassen. Dennoch pflanzen sie sich fort, in häufig ähnlich sich ausbildenden Kindern, Produkte – ja, wovon eigentlich? Der Gene, der Ernährung, der Lebensweise? Mir fehlt das Unterscheidungsvermögen, um festzustellen, ob die Dicken auch die Armen sind. In einem Supermarkt sah ich eine Fette, deren Korb randvoll war von fettem Fleisch und unangenehm wirkenden Würsten. Alles sicherlich recht billige Ware, nur: Warum so viel davon? Kaufte sie weniger Fleisch, könnte sie sich Besseres leisten, dachte ich und versuchte mir die Mahlzeiten dieser Familie vorzustellen, kein schöner Gedanke. Nicht der Arme wird fett, sondern der Gefräßige. Auch gibt es viele Fette unter den Urlaubern, und die haben immerhin das Geld für die Wohnmobile bzw. andere Camping-Ausrüstung und freie Zeit. Möglicherweise ist die Wurschtigkeit gegenüber dem eigenen Aussehen und Auftritt jener verwandt, mit der viele Kanadier ihre Behausung und die Umgebung ihrer Behausungen behandeln. Innerhalb seiner vier Zäune kann offenbar jeder alles so stehn- und liegenlassen, wie er es braucht, und so verrotten da Autowracks, ausrangierte technische Geräte, Nebengebäude. Solche Anwesen liegen manchmal allein, manchmal unter ähnlich wurschtigen, manchmal auch innerhalb gepflegterer Gegenden. Wie sie entstanden sind, ist offensichtlich, was sie besagen, mehrdeutig. Etwas Transitorisches ist in ihnen und sicherlich auch das Bewußtsein davon, daß genügend Platz da ist. Aber auch: »Mir kann keener« und »Ob und wann

ich aufräume, bestimme immer noch ich«. Eine eigentlich begrüßenswerte Haltung, die jedoch zuviel Häßlichkeit im Gefolge hat, in Stadt, Land und bei den Menschen. Vielleicht also doch nicht so begrüßenswert? So beklagenswert die Uniformität z. B. deutscher Vorortsiedlungen und Schrebergärten ist, auch die durchgehende Properheit der Bewohner und Bebauer, so erfreulich ist doch jenes Maß verinnerlichter sozialer Kontrolle, das beispielsweise den Italiener dazu bringt, in aller Regel auf Auftritt und Erscheinung zu achten und beides so weit den jeweiligen Moden anzupassen, daß er innerhalb von Norm und Normalität bleibt.
(Es gibt auch Kanadier, deren Erscheinung die positiven Folgen jener Haltung der Nichtrücksichtnahme zeigt, ältere Männer, auch ältere Paare, deren Kleidungs- und Lebensstil etwas erfreulich Laxes haben, deren Körper jedoch trainiert und straff wirken, Leute in Jeans, Pickups und Zelten, denen das Durable und Patente deutscher Senioren völlig abgeht, auch deren zur Schau gestellter Überlebens- und Niesterbenswille.)

KUNST UND UMWELTSCHUTZ

Zu untersuchen wäre der Anteil, den Künstler an der Erhaltung von Landschaften und der Einrichtung von Nationalparks haben: Im Reinhardswald ebenso wie in Kanada und den Staaten. Wer hat als erster die ästhetischen Qualitäten der Rockies erkannt? Wer die Ähnlichkeiten mit Architekturen und anderen Kunstwerken? Ein Berg heißt Castle Mountain, ein hoher Wald Cathedral Grove, ein Tal Monument Valley.
Die Naturdenkmäler als Ersatz dafür, daß das Land keine Geschichte und keine Kunst hat – es brauchte auf jeden Fall vorhandene Kunst, um die Sinne für die Kunstähnlichkeit

dieser Natur zu schärfen, und ich vermute, daß es weltweit Künstler waren, die, indem sie das Kunstnahe wieder in Kunst überführten, für jene Aura sorgten, die die Voraussetzung für Verehrung und Schonung von Natur bildete und bildet.

*

In einer Galerie in Vancouver finden wir Radierungen von Clemente, Ian Francis und sogar Bacon, die ganz offensichtlich von professionellen Druckern nach Bildern der Künstler gearbeitet worden sind, um sodann von den Prominenten unterzeichnet / signiert zu werden. Der Bacon kostet 16 000 Dollar, die Auflage wird mit 90 Exemplaren angegeben. Ich äußere Zweifel bezüglich der Echtheit, ein völlig unkompetenter Angestellter stimmt peu à peu zu, stellt jedoch die Frage, die auch mich beschäftigt: Wieso macht Bacon das? Der hat doch so was nicht nötig und war mir, anders als Künstler wie Wunderlich oder Fuchs, bislang völlig integer vorgekommen. Nun ist sie weg, die Integrität. Schade.

ZIVILISATION

Es gibt weltweit 35 Killerwale in Gefangenschaft, laut New York Times, fünf davon habe ich gesehen, einen in Florida, vier in Vancouver, am 22. 8. 89. Einen Tag später bringt die New York Times einen langen Bericht über einen Zwischenfall in der Seaworld in San Diego, dort hat eine Killerwalkuh eine Konkurrentin während einer Performance getötet.

*

Nach der ersten Nacht im Century Plaza in Vancouver bat ich darum, beim nächsten Aufenthalt, in einem Monat, in ein höheres Stockwerk zu kommen. Als wir nach dieser Zeit wieder einchecken, bittet uns die Angestellte, nachdem alle Formalitäten beendet sind und das Zimmer (1801) zugewiesen ist, noch nicht zu gehen, da sei noch eine Mitteilung für uns im Computer, der streike. Nach längerem Warten gibt er seine – von uns mit gewisser Ängstlichkeit erwartete – Nachricht preis: Ich hätte um ein höheres Stockwerk gebeten.

*

Im Flughafen Vancouver will ich das letzte Geld in Lachs anlegen und sehe in einer beleuchteten Theke (Kühltruhe) leuchtend roten Lachs. Ich deute auf ein Stück, die Verkäuferin holt ein, wie ich meine, anderes hervor, eines, das eher dunkelbraun ist. Ich verlange so ein schönes rotes Stück, sie klärt mich darüber auf, daß die braunen und die roten Stücke identisch seien – »It's the light that makes them look red.« Nun habe ich ja nichts gegen Präsentation und inszenierten Auftritt, fand dieses Lichtspiel, weil derart dreist, jedoch unzulässig. Kaufte dann aber doch Lachs.

GUTE SZENE

Während wir in Calgary auf den Abflug warten, wird eine bleiche Frau den Gang entlanggeführt und von einem stummen jungen Mann, der sich anschließend neben sie setzt, und einem Angestellten der Canadian Airlines in der Reihe hinter mir plaziert. Der Angestellte birst förmlich vor Fröhlichkeit und versichert, der Frau könne nichts geschehen, die Fluglinie sei die sicherste der Welt. Währenddessen schiebt sich vor das Fenster eine gefährlich aussehende Klappe oder Tür. Das Flugzeug nämlich hat Schwierigkeiten mit einer Bremse, es steht

Fiep!
Maligne See / Columbianisches Erdhörnchen
28. 2

bereits viel zu lange in Calgary, dennoch läßt der Mann nicht ab, vom baldigen Abflug zu schwärmen. »So! Up we go!« – und nichts geht ab. Dafür gibt es Geräusche, worauf der Angestellte empfiehlt, doch das Fenster zu verdunkeln, das helfe sehr. Und so fortan: Er verabschiedet sich – »Gleich geht's los« –, er geht, dann verkündet der Captain, die Reparatur werde sich hinziehen, worauf die bleiche Frau aufsteht und rausgeht, bald darauf aber vom Angestellten zurückgebracht wird, der unaufhörlich vom Losfliegen und unbegründeter Furcht spricht, bis der Captain alle Passagiere bittet, das Flugzeug zu verlassen, es könne in Calgary nicht repariert werden und müsse daher zurück nach Vancouver. Beim Weiterflug, vier Stunden später, schaue ich mich vergeblich nach der bleichen Frau um.

WO LAUFEN SIE DENN?

Als ich nach vier Wochen kanadischer Wildnis und ungezählten Rothörnchen erstmals in die Neuhaußstraße einbiege, sitzt auf dem Bürgersteig ein Eichhörnchen, das mir Platz macht, indem es in eine Robinie springt, von welcher es aus geringer Höhe längere Zeit auf mich blickt, um schließlich über die Straße zu hüpfen und in Vorgärten zu verschwinden. Selten, daß ich vorher ein Eichhörnchen in den Hintergärten gesehen hätte, nie sah ich zuvor eines auf der Straße.

»Wo die Kunst endet«

USA 1978, 1986/87, 1993, 1998, 1999, 2000

NEW YORK: NIRGENDS EIN KORKENZIEHER

Was mir auffiel:
Es gibt vier Gernhardts im Telefonbuch.
Die Bahnhöfe sind dunkel. Wenig in die Straße ragende Reklame. Papiertüten statt Plastik. Die bemalten U-Bahnen. Kaufhäuser sehr vornehm. Sehr viel historische Bausubstanz, bis in kleine Details: Türen, Gitter, Lampen.
Schwierigkeiten beim Deuten. Als wir aus der U-Bahn steigen (Christopher Street): Warum stehen so viele Männer auf dem Treppenabsatz und gehen nicht hoch? Was ist das für eine Flüssigkeit, die die Treppen herunterkommt? Es ist dann aber kein Schwulentreff und keine Pisse, sondern draußen regnet es furchtbar.
Alle Autos haben eine Delle. (Fast.)
Die Wasserbehälter auf den Häusern und die Versuche, sie architektonisch einzugliedern. Der Dampf, der überall austritt. Die bucklichten Straßen. Die verblaßten alten Reklamen. Die Verschiedenartigkeit der Schilder.
Über die Straße von Chinatown nach Little Italy.
Wie es ist, irgendwo langzugehn und auf einmal der einzige Nichtschwarze / Nichthomosexuelle zu sein.
Der viele Müll.
Die Fabelhaftigkeit der Hochhäuser der 20er / 30er Jahre. (Wie sie das Thema langsam in den Griff bekamen, die Architekten.)
Die Schönheit, die trotz allem Wahnsinn etwas Natürliches hat.
Die vielen, die die Sprache nicht (richtig) können.
Die verschiedenen Formen der Armseligkeit (Harlem).

Ein Straßenfest in der Carmine Street, das auch im Orient hätte stattfinden können.

(1978)

Im Taxi / Beim Hören der Radio-Werbung, unterbrochen von Anmachermusik

New York, New York!
Kannst du es machen dort,
Kannst es an jedem Ort.
New York, New York:

Ein Glück, daß es den Tod gibt,
So wird auch dies mal enden.
Sieht denn hier niemand, was ich seh:
Die Flammschrift an den Wänden?

Was steht denn da geschrieben?
Na was wohl, meine Lieben?
(Plakatiertes wie »What can we do for you next?«)

*

Das geht also: Morgens um 6 Uhr in Montaio aufstehen, den 7 Uhr 20-Zug in Montevarchi Richtung Rom besteigen, kurz nach 11 Uhr in Fiumicino ankommen, um ca. 13 Uhr 30 nach New York starten, dort ca. 16 Uhr 30 ankommen, nach italienischer Zeit 22 Uhr 30, eine weitere Stunde später in der Stadt sein und in der Bar des Lokals Spazzia einen Chianti ordern – was ich nicht getan habe, da es ein australischer Shiraz sein sollte –, das alles geht also, fragt sich nur, ob auch alles, was geht, gutgeht: Ich verspüre so gar keins jener Triumph- oder Entrückungsgefühle, die frühere Reisen in große Städte

begleiteten. Woran mag das liegen? Am letztlich hirnrissigen Ortswechsel? Oder am Altern besagten Hirns?
Ich kann und kann mich nicht (mehr) in New York vergukken. Im Gegenteil: Nach fünf Stunden Fußmarsch und einigen Versuchen, bestimmte Kleinigkeiten zu erstehen, geht mir hier ziemlich viel auf den Sack, beziehungsweise: Was für eine zusammengeschusterte Stadt. Auf der einen Seite die Sturheit des Schachbrettmusters, die vergleichsweise Enge der schnurgeraden Straßen, die fehlenden Plätze, die abrupt wechselnden Haus- und Traufhöhen, neben dem einstöckigen Bau der sechzehnstöckige, Glasfassaden neben Jahrhundertwende- bzw. Art-Déco-Standard-Dekorationen, aber alle strikt nach der vorgegebenen Gerade der Straße ausgerichtet; das türmt sich manchmal ganz schön auf, ist aber im Grunde der stets gleiche, nur unterschiedlich prächtig dekorierte Kasten.
In den Straßen, die hin und wieder durchaus Schluchten sind, drängen sich die Menschen mit einer Entschiedenheit, die Böses ahnen läßt: In solchen Architektur-Klamms passieren die Menschenströme offenbar schneller als da, wo die Straßen wie natürlich mäandern, Feuchtgebiete vulgo Plätze bilden und sich durch Parks stauen und teilen lassen. Menschen in Menge, doch durchgehend Menschen in Eile, die wenigen, die sich nicht vom Platz bewegen, betteln oder marktschreien oder verkaufen.
Meist Eßbares, und da nun griff der Kulturschock Italien / Toscana / Land versus Amerika / New York / Stadt vollends: Als ich um die Mittagszeit etwas Eßbares suchte, war ich gerade in der Fast-Food-Sektion der Fifth Avenue, die in dieser Höhe schon sehr an Klasse verliert – ich fand nichts zu essen. Nichts, das meinen Toscana-Standards entsprochen hätte. Und ich fand etwas anderes nicht, und das gleich doppelt: Erstens wollte ich einen Brief frankieren und suchte nach einer

Post. Das gestaltete sich fast unheimlich: Im Newspaper-Shop des Rockefeller Center fragte ich nach Briefmarken. Haben wir nicht, aber es gibt eine Post in der 49. Straße. Wo ich wieder ins R. C. zurückgeschickt wurde: Die Post sei da drin, eine Treppe runter, dann rechts.

Ein langer Flur, kein Hinweis auf eine Post, dann eine offene Tür, ein unfreundlicher Raum, Schalter, die meisten ohne Kundschaft, einer von einer langen, langen Schlange belagert. An einem der unbelagerten Schalter frage ich nach Briefmarken und werde an den belagerten verwiesen. »Oder nehmen Sie den Automaten!« Der ist derart, daß auch Amerikaner ihn nicht begreifen: Wie und unter welchen Umständen spuckt er eine 60-Cent-Briefmarke aus?

»Vielleicht, indem Sie hier drei Dollar einwerfen?«

»Und? Gibt er zurück?«

Die Antwort fällt unbestimmt aus – immerhin weiß ich dank der schwarzen Dame am nicht belagerten Schalter, daß ein Brief overseas 60 Cent koste. Das Wissen nutze ich Stunden später am Newsstand um die Ecke, wo es laut Hotelauskunft stamps geben soll.

Es gibt sie, ich verlange zwei à 60, gebe 1 Dollar 25, werde darauf hingewiesen, ein Brief overseas koste 70 Cent, ich gebe einen weiteren Quarter, erhalte einen Zehner zurück und zwei Marken, danke. Als ich mir die Marken im Hotel anschaue, sind es 55-Cent-Werte.

Eine weitere Suche galt einem Korkenzieher, von dem ich nicht einmal den amerikanischen Namen wußte; als ich den Vorgang erklärte, schallte es: »Oh! Corker!« Im schlechteren Teil der 5th Avenue folgt ein Massenartikel- und Massenproduktladen dem anderen – nirgends ein Korkenzieher. Dafür Freiheitsstatuen, New-York-Tassen, Erinnerungslöffel sowie Uhren, Fotoapparate und Elektronisches in Mengen.

Sucht man einen Korkenzieher, fokussiert sich der Blick: So viel Gleichförmiges im Angebot wie gar keine Korkenzieher! Wer um Himmels willen soll all die Taschen, Koffer, Schuhe, Computer, Platten und Teppiche kaufen? Wo doch jeder Trinkbewußte seinen Korkenzieher braucht!
Schließlich, in einem vielstöckigen Kaufhaus, finde ich jemanden, der mir weiterhilft: Oberster Stock, bei Stern's. Dort angekommen, riecht es förmlich nach Korkenziehern; ich bin in der Küchenabteilung. Frage an einer von drei Schwarzen besetzte Theke nach einem Korkenzieher. Stoße auf Unverständnis und Bedauern, bis einer sich erinnert: Haben wir da hinten. Hatten sie, denn ich nahm den Korkenzieher an mich und gab ihn bis zum Hotel nicht wieder her.
Hatte aber noch mit weiteren Schwierigkeiten zu kämpfen: Wollte Geld mit der Credit Card ziehen, scheiterte jedoch an begriffsstutzigen Automaten, die vorgaben, meine Karte nicht lesen zu können. Schließlich, irgendwo in der 5th Avenue, ein superfreundlicher Apparat, der mir sogar Geld für meine Geheimnummer gibt. Doll.
Dann die Taxis. Nicht so doll. Ich versuche eines zu bekommen, meine Beine sind müde, meine Muskeln verspannt. Also: Taxi. Eines hält, ich will hinten einsteigen, die Tür ist zu – da frage ich den Fahrer, ob er mich befördere.
»Wohin?«
»West 81st Street.«
»Sorry!«
Das wiederholt sich noch einmal, dann schicke ich mich darein, zu Fuß zurückzulaufen.
Ist N. Y. ein guter Platz für Menschen? Er befriedigt Schau- und Actiongelüste, sicher, doch das sorgt auch für durchgehende Anspannung. Selten so unverbindliche Menschen erlebt wie hier, angefangen bei der Dame im Hotel-Empfang

über die Korkenzieher-Verkäufer bis hin zu – eigentlich allen, außer der Restaurantbedienung, die von den nicht im Preis enthaltenen 15 % Trinkgeld lebt und daher die alten Dienstleistungstugenden an den Tag legt, die früher, sagt man, allüberall anzutreffen waren.

*

Wo die Kunst endet: Sony im Sony-Center kocht noch einmal den Surrealismus auf. Dream a Dream – und der Metropolitan-Museums-Shop verkauft Seidentücher mit Leger-Motiv.
Ich mache im Museum of Modern Art Station, voller Vorfreude darauf, die de Chiricos wiederzusehen, nach zweiundzwanzig Jahren. Finde mich aber nicht zurecht, irre etwas zwischen Cindy Sherman und Objekten herum, frage nach den Picassos, höre, unten müsse es welche geben, und sehe dort des Rätsels Lösung: Es wird umgebaut, und daher können nur einige Meisterwerke der klassischen Moderne gezeigt werden, meist Picassos, bis hin zu Pollock und Rothko, de Chirico ist nicht unter ihnen. Ich gehe rasch und sehr unberührt durch den Raum: Wie reizlos geworden, was einmal Reiz war, wie wenig Neues in den Bildern zu sehen, deren Peinture mir fast durchgehend plan und oft lieblos vorkommt und deren stärkste Seite bei Matisse und Picasso die Zeichnungen sind.
Ausgleichende Ungerechtigkeit: Als ich erstmals in N. Y. war, wies mich ein Taxifahrer darauf hin, daß ich ihm mit den Worten »Thanks, allright« nicht einen Zehn-, sondern einen Hundert-Dollar-Schein gegeben hatte. Er wolle mich warnen, die Scheine seien für einen Ausländer alle gleich. Ich dankte ihm und versicherte, ich werde fortan das Lied von der Ehrlichkeit der New Yorker Taxifahrer singen. Im Jahr 2000 nun empfing ich in der Bankfiliale Monte dei Paschi in Cavriglia fünf Dollarnoten à – so war es ausgemacht – 100, ich

zahlte dafür 1,2 Millionen Lire. Erst in N. Y. wies mich ein Taxifahrer darauf hin, eine dieser fünf Hundert-Dollar-Noten sei leider ein Zehner gewesen. Ich hatte meine Lektion nicht gelernt, doch wer denkt schon daran, eine Lehrstunde in einem New Yorker Taxi zweiundzwanzig Jahre später in einer kleinstädtisch-italienischen Bank zu rekapitulieren?

*

Vanitas: Große Städte sind die Heimat großer Männer, und daß wir von denen wissen, verdankt sich ihrer Vorsorge. Sie wollen erinnert werden, und die Menschen erinnern sich ihrer. Ein Vergleich Rom-New York wäre vermutlich erkenntnisfördernd. Was in Rom weit zurückreichende Geschichte ist, zweitausend und mehr Jahre zurück, hat sich in N. Y. während der letzten – vermute ich mal – 150 Jahre vollzogen, allerdings immer nach dem gleichen Szenario: Immer sind die, derer man sich erinnert, reich gewesen, immer haben sie einen Teil ihres Reichtums in die Erinnerungsvorsorge gesteckt, immer sind es Gebäude, Sammlungen und Stiftungen, die diesen Zweck erfüllen.
Hohe Gebäude, große Sammlungen und wichtige Stiftungen, die oft den Namen des Stifters tragen, hin und wieder seines Produkts oder den seiner Wirkungsstätte, seiner Bank, seiner Kirche: Hadriansgrab – Carnegie Hall, Palazzo Farnese – Rockefeller Center, St. Peter – Chrysler Building.
Die Mechanismen sind die gleichen, die Geschichte wird lehren, ob den New Yorker Erinnerungsanstrengungen der gleiche Erfolg beschieden sein wird wie den römischen. Denn Voraussetzung dafür, daß jemand beim Anblick des von ihm hinterlassenen und nach ihm benannten Gebäudes erinnert wird, ist ja wohl, daß das Gebäude nicht zertrümmert wird. Das funktionierte in Rom (auch ohne Denkmalschutz), da

die Stadt nach dem letzten, dem barocken Aufschwung als Kapitale des Kirchenstaats auf ein Abstellgleis der Geschichte geriet. Seit 753 v. Chr. hatte Rom immer wieder Phasen, in denen die Stadt nicht so gut zu Fuß war – N. Y. hat seit ca. 1800 fortwährend geboomt, von kleinen Durchhängern abgesehen. Dementsprechend wurde im raschen Wechsel abgerissen und aufgebaut. Wie sicher ist ein Rockefeller Center oder, noch aktueller, ein Trump Tower? Für wie lange sind solche Gebäude überhaupt ausgelegt?

NY

Ein Glück, daß es den Tod gibt,
Hier ist der Tod vonnöten:
Allein der Tod kann dieser Stadt
Ihr großes Maul verlöten.

Ein Glück, daß es den Tod gibt,
So wird auch dies mal enden,
Wie sehr sich diese Stadt auch wehrt
Mit Türmen und mit Wänden.

Ein Glück, daß es den Tod gibt:
Dann gibt's nichts mehr zu sehen.
Erst wenn das feststeht, wird die Stadt,
Daß nichts mehr läuft, verstehen.

Ein Glück, daß es den Tod gibt:
Dann kommt das hier zur Ruhe.
Mit letztem Seufzer läßt die Stadt
Gelärme und Getue.

Ein Glück, daß es den Tod gibt:
Der kostet nur das Leben.
Dem kann sich jeder in der Stadt
For total free ergeben.

Ein Glück, daß es den Tod gibt:
Der läßt nicht mit sich reden.
Die Stadt teilt sich in Reich und Arm,
Der Tod ist da für jeden.

Ein Glück, daß es den Tod gibt.
So muß die Stadt nicht dauern.
Sie nicht, sowie auch jene nicht,
Die dieses noch betrauern.

(2000)

FLORIDA: DREAMS THAT MONEY CAN BUY

Die vielen Anlässe, sich hier Gedanken zu machen über echt und unecht, bis ins Verhalten der Leute, zumindest im Fernsehen: Die unglaublich gut getürkten Lacher des einen Showmasters über die Scherze des anderen; die vorgebliche Bescheidenheit.

Überlegungen, wann in Europa die Stilvielfalt möglich wurde und wie diese Maskerade allmählich herunterkam: Zuerst wurden Kirchen, Museen, Theater antik oder neogotisch verkleidet, dann Börsen und Badeanstalten, schließlich Restaurants und alle Sorten von Vergnügungsorten. Auf den Weltausstellungen war diese Maskerade dann Thema – jedes Land trat »typisch« auf, also so, wie es von allen anderen Ländern eingestuft / gesehen wurde – doch während die Maskierung, zumindest äußerlich, in Europa noch mit einer gewissen Dezenz betrieben wurde (nur innen, in den Restaurants, dürfen sich billige, vorgetäuschte Materialien austoben), ist das Billige hier auch äußerlich und zudem total beliebig: Manchmal geht es mit dem vorgeblichen Zweck zusammen (Old English Inn o. ä.), häufig aber auch gar nicht, wie bei einigen Läden am Las Olas Boulevard. Da nichts an Formen und Stilen etwas bedeutet, kann alles jederzeit abserviert werden, jedenfalls hier in diesem geschichtslosen Konglomerat Fort Lauderdale, das jedoch ein Historisches Museum und sogar ein Archäologisches Museum besitzt.

*

Reminiszenzen:
Der Hund, der bei der Landung das Gepäck beschnüffelte: grünes Wams mit der Aufschrift »Beagle Agriculture Brigade«. Er riecht eine Mandarinenschale in K.'s Gepäck, der Hundehalter trägt sie zu einer weit entfernten Vernichtungsstelle. (So tut er es auch mit anderen Funden wie Yoghurt oder einem Apfel: Alle vernichtet er einzeln, ein ungemein uneffektiver Vorgang).
Die Langsamkeit der Amerikaner.
Die Geier auf dem Treppenturm in Miami.
Im Fernsehkanal Nostalgia werden alte Radio-Shows gezeigt, nein, gebracht, während die Kamera Ausschnitte eines und Fahrten über ein altes Radio zeigt.

*

Die Schwierigkeit, einer Kultur gerecht zu werden. K.: Amerika ist eine Katastrophe. Nie so viele Eßwaren weggeworfen. Wenn ich an Italien denke ... Ich: Der Strand von Sperlonga Anfang Mai und Mitte Juni. Dieser Dreck. Dagegen der

Strand von Miami / Fort Lauderdale: Alles verboten. Kein Alkohol, kein Essen, keine Haustiere, keine Ballspiele, kein Frisbee, und an den Stränden wird auch nichts gereicht – offenbar muß es reichen, am Strand zu sitzen. Und: Die Gebote werden befolgt. Die Strände sind sauber – dafür ist der Kaffee freilich schlecht und das Brot zum Speien pappig.

(1986/1987)

»The weather of today is sponsored by Columbian Coffee.« (Ansagerin im Wheather Channel am Morgen des 9.1. Es regnet den ganzen Tag.)

Wir haben in einem Geschäft eingekauft, in welchem jede Ware $ 1 kostete.

Im Steakhouse: Es gibt Sirloin / Prime Rib / Porterhouse sowie verschiedene Zubereitungsarten (medium / rare / medium rare) und schließlich den Hinweis: »Sorry, we don't guarantee for our steaks ordered well done.«

Wir besuchen ein Football-Spiel, Miami Dolphins gegen San Diego Eagles, Achtelfinale der Meisterschaft. Im Stadion etwa sechzigtausend Leute, alle sehr friedlich und, manchmal nach Aufforderung, enthusiastisch. Mich rührt die Geste einer Ordnerin: Nachdem die Karten am Tor kontrolliert worden sind, werden sie im Stadium noch einmal gelocht. Das besorgt eine Frau, und da ich meine Karte ein wenig gerollt hatte, hat sie nun Schwierigkeiten, das Papier in den Locher zu schieben, wodurch eine winzige Verzögerung entsteht, die sie mit »Oh! so sorry!« und »Pardon me!« entschuldigt sowie damit, dass sie mir rasch und freundlich den Arm streichelt.

*

»Flawless Show of Military Might« – Überschrift in einer amerikanischen Zeitung betr. Irak-Raid.

*

Vor dem Marriott steht ein doorman in weißer Uniform mit goldenen Litzen, auf dem Kopf einen weißen Helm mit weißen Federn. Während wir auf unseren Wagen warten, fragt O. verbindlich, woher die Uniform stamme, ob sie einem Vorbild nachgeschneidert sei, ob sie etwas bedeute. Die Antwort des doorman: »It's a punishment.«

*

»Thou shalt not enter« – Einfahrtsverbot an katholischer Kirche in Sanibel.
»Arrive alive when you drive« (folgt Firmenkürzel) – Frommer Wunsch auf der Plastikeinlage im Pinkelbecken im »Wendy's« von Fort Myers.
»She sells seashells« – An einem Giftshop in Sanibel Island.

*

In Palm Beach stehen die Häuser sehr reicher Menschen, auf dem Küstenstreifen zwischen Boca Raton und Palm Beach werden auf die wenigen freien Grundstücke weitere Häuser gestellt – seit ca. 1910 bis heute ist dort viel Geld verbaut worden – was gibt's dafür als Gegenwert? Summarisches Hinschauen bei einigermaßen zügigem Durchfahren ergibt, daß die Pracht auf Grenzen stößt. Die Baustile (Klassizismus, Renaissance, maurisch, mediterran) sind geklaut, was nicht weiter schlimm wäre, fehlte da nicht jener Wahnsinn, der den europäischen Eklektizismus bis in die zwanziger Jahre nicht langweilig werden ließ. Alles sehr brav, alles sehr cremig, alles etwas legohaft: Aus präfabrizierten Teilen wurde da etwas

zusammengesetzt, das ebensogut viel größer oder viel kleiner hätte ausfallen können – der Eindruck angestrengter Biederkeit und Langeweile wäre der gleiche.
Auch Materialien und Details sind nicht gerade vom Allerfeinsten. Gern wird die Säule eingesetzt, selten ist sie aus Marmor. Häufiger wirkt sie wie aus Kunststein gegossen, da ist der Italienreisende Besseres gewohnt. Auch waren in Florida nicht jene Kunsthandwerker zu haben, die sich in Europa darauf verstanden, den billigen Materialien immer noch den Anschein des Raffinierten oder zumindest Pfiffigen zu geben; noch Jugendstilhäuser in Darmstadt wirken reicher als die Palm-Beach-Bauten, weil da unbedenklicher kombiniert und besser formuliert worden ist. Auch lassen sie einen Stilwillen spüren, der sich nicht nur bei Vergangenem bedient, sondern der Vergangenheit ein auftrumpfendes Heute entgegenzusetzen sucht – weshalb diese Bauten achtzig Jahre später, also heute, wiederum vergangen wirken, und das in zweierlei Hinsicht: Sie künden von den heimlichen Wünschen und krausen Gelüsten der verblichenen Auftraggeber ebenso wie davon, was in der Zwischenzeit alles an Raffinement der Architekten und Fähigkeiten der ausführenden Handwerker verlorengegangen ist. So, das weiß der Betrachter, wird nie wieder gebaut werden können.
Wie anders die Palm-Beach-Bauten. Sie wirken wie Dekorationen eines Films über das Leben der Superreichen. Kulissen, die nach vorgegebenen Mustern eilig zusammengestellt und in die gepflegte Landschaft gestellt worden sind; es genügt, wenn es gut aussieht, so genau guckt ja keiner hin. Und das ist – der weniger betuchte Besucher dieser Gegend kann sich diesen Gedanken nicht verkneifen, warum auch – und das ist dann doch ein wenig armselig.

(1993)

Wer im Abstand von 5, 6 Jahren in die USA kommt, und dann auch nur ins Reichenviertel der reichen Stadt Fort Lauderdale, sollte eigentlich den Schnabel halten. Hier einige Beobachtungen:

Umwelt: Vor zwölf Jahren stritten K. und ich uns um den Begriff »Kultur« – damals hielt ich der von K. ins Feld geführten italienischen »Eßkultur« die amerikanische »Strandkultur« entgegen: Wer jemals einen italienischen Strand außerhalb der Saison gesehen habe, zweifle am Kulturstatus dieses Volkes. Damals waren die amerikanischen – floridanischen – Strände sauber, jetzt fallen mir Plastik und Abfälle überall auf, in Fort Lauderdale, in Hollywood.

Verkehr: Ein – zumindest in der Vergangenheit – stetes Plus für die Staaten: Wie diszipliniert sie Auto fahren! (Und wie atavistisch sie auf dem Recht, Waffen zu tragen, bestehen!) Nun lese ich im Sun Sentinel einen Leitartikel gegen / über den Verfall der amerikanischen Verkehrssitten, hervorgerufen auch, so der Kommentar, durch falsche, aufheizende Werbeversprechungen der Automobilindustrie: Wann hast du dich das letzte Mal frei gefühlt?

Dienstleistungen: Die wären in den USA großgeschrieben, die würden gerne erbracht, da die Gehälter niedrig und die tips ausschlaggebend seien. Nichts davon in unserem Frühstückscafé am Las Olas Boulevard, da strich der Kassierer nicht nur ungerührt einen – nicht verdienten – Dollar ein, er ließ mich auch auflaufen, als ich ein Mißverständnis meinerseits monierte: Ich hätte nicht drei »Coffee of the day« bestellt, sondern drei »Café au lait«. Ersteren Begriff kannte ich nämlich gar nicht, hätte ich also auch nicht ordern können – unverbindlich wiederholte der Clerk, ich hätte drei »Coffee of the day« bestellt. (Korinthenkacker!)

Unterhaltungsindustrie: Wer will und zahlen kann, hat eine

große Auswahl, ihm stehen ca. 300 Kanäle zur Verfügung. Das sieht wie overkill aus, meint aber auch Vielfalt – in Oldie-Kanälen wird das kulturelle Erbe der Unterhaltungsindustrie aufbewahrt, oft erstaunlich flächendeckend und pietätvoll. Viele Kanäle sind Pay-TV, dafür laufen Filme wieder ununterbrochen – eine Kulturleistung. Je mehr Kanäle, desto mehr Nischen – vor zwanzig Jahren schon hatte W. R. uns mit ähnlichen Worten New York schmackhaft gemacht: von wegen alles modern! Je größer eine Stadt, desto größer die Chance, dort Leute zu finden, die einer sehr speziellen Gemeinschaftstätigkeit anhängen, ob das nun Klezmer-Musik ist oder Bogenschießen. Glaubt man B., der sich in den hiesigen Programmen auskennt, dann gibt es hier ein kulturelles Gedächtnis, das à l'américaine funktioniert: Kein gefallener amerikanischer GI durfte im feindlichen Territorium zurückbleiben, alle haben in den USA ihre letzte Ruhe gefunden – so kümmert sich um die großen Opfer des steten Fortschritts der Unterhaltungsindustrie das amerikanische Fernsehen, das amerikanische Radio, die amerikanische Filmbranche.
Filme: In ca. einer Woche habe ich mir einen ziemlich repräsentativen Querschnitt der laufenden Produktion reingezogen: Palmetto, Con Air, Mars Attacks, The Apostle, Deconstruction Harry, As Good As It Gets, My Best Friend's Wedding, Liar Liar, sowie Zufälliges und Ausschnitthaftes im Fernseh plus Vorankündigungen der nächsten Kinofilme. Zwei Trends: Der zum Special-Effect-Overkill und der zum mehr oder weniger liebenswerten Schauspielerfilm mit wenig, jedoch prominentem Personal. Im Falle der Special-Effect-Filme zählt das Buch relativ wenig, im Falle der Schauspielerfilme so gut wie alles. Die erste Gattung erstaunt, aber macht auch mißmutig: So viel sophistische Technik, um solche Kindereien in Szene zu setzen. Der Schwachpunkt der zweiten Gattung: mangeln-

de Stilsicherheit. Häufig werden die Genres »vermischt«; ein extremer Komödiant wie der Liar-Liar-Darsteller agiert in einem halb melodramatischen, halb realistischen Umfeld. Jack Nicholson ist halb Charakterstudie eines Zwanghaften, halb Sprachrohr für relativ zufällige, komische Zynismen. Allen Filmen gemeinsam ist, daß sie selig um die ihnen vertraute Umwelt und die ihnen lieben Probleme kreisen, kein Hauch von Welt stört die 100%ige Americanitá dieser Produkte, die dennoch weltweit vermarktet werden.
Sport: In Nagano läuft die Winterolympiade, in den US-Medien findet sie nur insofern statt, als amerikanische Auftritte bedacht und gebracht werden – was der Rest der Welt da anstellt, interessiert offenbar keine Sau.
Architektur: Was sich vor sechs Jahren abzeichnete, ist jetzt der mainstream. Die Reichen lassen für ihre Privathäuser die Elemente vor allem der barocken Herrschaftsarchitektur plündern, die neuen Hotels, Malls und Plazas tun es ihnen nach. Allüberall Säulen und Simse und Freitreppen und Medaillons und Stuck und Zitat: Die Moderne ist – ja was: perdu? k. o.? auf jeden Fall nicht mehr up to date = modern.
Cuisine: Fort Lauderdale macht und macht sich, man ißt ungleich besser als vor sechs Jahren, die besseren Restaurants bieten eine – wie die Architektur – synkretistische, auf Gesundheit abgestellte Speisekarte an. Vorgestern Lachs im Sesammantel (aus den Südstaaten?), gestern Thunfisch aus dem Wok nach japanischen Rezepten: dreams that money can buy.
Krieg: Der Sun Sentinel vom 15.2. schildert als Hauptnachricht die Schwierigkeiten, einen Krieg (gegen Irak) einzuplanen: Nicht zu Weihnachten, nicht während des Ramadan, nicht während der Olympiade, nicht, wenn die Präsidententochter ein Schulfest feiert, dem der Vater beiwohnen will, nicht während seines Afrika-Besuchs, nur bei Neumond, da

die Stealth-Bomber zwar dem Radar unsichtbar sind, jedoch nicht dem bloßen Auge, die großen, schweren Vögel.

(1998)

CHICAGO: MORD, KUNST UND FETT

Welch eine saubere Stadt, zumindest im Citygebiet! Keine Graffiti, kein herumliegender Müll, keine im Wasser treibenden Plastikbecher – hier sind wir wirklich in der 1. Welt, im Gegensatz zu Manaus oder Berlin oder auch Frankfurt.
Wenig Hunde, wenig sichtbare Polizisten. Die Geschäfte öffnen um 10 und schließen um 7 – wo bleibt da die amerikanische Dienstleistungstüchtigkeit? Die Stadt wirkt sicher, Leute, die länger hier leben, widersprechen: Drei Morde am Tag. Mehr als in New York – gemessen an der Bevölkerungszahl. Chicago sei wieder an der Spitze der Verbrechensstatistik, angeblich sogar weltweit. Der Gast hört's und wundert sich, da er an Johannesburg denkt und daran, wie es ihn dort gegruselt hat.

*

Art Institute: In einigen Sälen älterer europäischer Malerei mag es so scheinen, als hätten sich hier die Unbegabtesten aller Länder und Zeiten versammelt – derart verhauene Italiener und Altdeutsche sah ich selten. Je näher die Gegenwart, desto besser wird die Sammlung, ein seltener Effekt, der sich herausragenden Bildern guter Maler verdankt: Caillebotte, Cézanne, Picasso, Matisse und Chagall, vorher noch de Chirico. Vor einigen Bildern stand ich regelrecht überrascht: Du hier? Ich wähnte dich in – jedenfalls in einer bekannteren Sammlung. Aber wodurch wird eine Sammlung bekannt, wenn nicht durch gute Bilder, so daß es eigentlich unfair ist, das Art Institute nur deswegen unter die unbekannteren Sammlungen zu rechnen, weil man selber zufällig nicht weiß, welche guten Bilder sie beheimatet.

*

Abends im Palmerhouse Hotel: Die Lobby füllt sich mit jungen Paaren – irgendein übergreifendes Schul- bzw. Collegefest findet im Festsaal statt. (Gestern hatten da noch an langen Tischen ältere Herren in einem fast dunklen Raum getafelt, Helligkeit spendeten die allerorts aufgestellten, laufenden Fernseher.) Nun also die Jugend, diesmal ganz gegen die amerikanische Norm fein angezogen, die Mädchen im Abendkleid, die Jungen in schwarzen Anzügen. Beim Anblick der Mädchen kommen die deutschen Besucher ins Sinnieren: So viel Fett in einem Land, das so sehr auf low fat achtet, auf diet (coke!) und weight watching ... Unter Hunderten von Maschinen, Fregatten, Pummeln sind diejenigen, die der allseits verkündeten Norm entsprechen, an einer Hand zu zählen. Es wogt und wallt und rundet sich allüberall wie zu Zeiten der Jahrhundertwende, als die Frauen noch eine Büste, keine Brüste hatten. Alles ebenso faßbar wie unfaßbar: Wieso gelingt es diesen Wohlgenährten nicht, nun ihrerseits Normen aufzustellen, sich zur Norm zu erheben, da sie doch die Normalität verkörpern? G., die selber mit ihrem Gewicht hadert, meint, die würden alle leiden und sich in TV-Shows der Haltlosigkeit bezichtigen, der Besucher mag das kaum glauben. Eins aber glaubt er zu wissen, daß die amerikanische Öffentlichkeit Clinton schon deshalb nicht böse war, sein konnte, weil der trotz seines Status als mächtigster Mann der Welt zu nichts anderem gegriffen hatte als einem vollkommen unauffälligen Durchschnittsfrettchen: Der ist einer von uns, muß das Volk gedacht haben, der es mit einer von uns getrieben hat, soll er doch!

*

Wer die prächtige Treppe des Cultural Center in Chicago emporschreitet, steht unvermittelt vor einem halbrunden, nicht sehr hohen Fenster und schaut in einen Garten, der von einer so trostlosen Ungestaltheit und Häßlichkeit ist, daß man sich wirklich fragt, ob sich die Nachkommen der Gertrude B. an ihr rächen wollten und was Gertrude B. ihnen wohl angetan haben mag: The Gertrude Bernstein Memorial Garden.

(1999)

»Vollkommenheit«

Jamaica 1995

Fisch am 9.6.85

PARADIES

Laughing Waters und Roaring Falls: Die Filmaufnahmen ermöglichen den Zutritt zu etwas, das einem Paradies ziemlich nahe kommt, dem Gästehaus der jamaikanischen Regierung. Süßwasser, das ins Meer fließt, in Wasserfällen, eingefaßt in tropische Bäume – ach was: Ganz selten hatte ich beim Anblick von etwas das Gefühl: Das ist es. Vollkommenheit, nicht zu übertreffen. Es gibt nur anderes, nicht Besseres.
(Wie beim Strand von Tazacorte auf La Palma am Mittag, ohne Menschen. Zwei Jahre später kehrten wir zurück, da waren die Felsen, die ihn auszeichneten, abgetragen und für eine Hafenmole verwendet worden. Aber auch in Laughing Waters war schon der Wurm drin: Palmenkrankheit. Die Jamaica-Palmen brechen ab.)
Dazu die Vögel: Reiher, dunkel, die nicht wegflogen, Reiher hell, ein Geier, der sich am Strand niederließ (»John Crow«), überhaupt die Vögel.

INSEKTEN

Der tote Käfer und die Ameisen. Das Gesumm der Fliegen und die Vorstellung, daß ich einmal der Käfer sein könnte.

WÄCHTER

Die Guards, die auf die Nerven gehen. Durch ihren Lärm, ihr ständiges Sichwichtigmachen: I protect you. If somebody wants trouble, man, I beat him, man, etc. Wie verhält man sich da?

NACHT

Das alles schreibe ich mit einer schnurrenden jungen Katze auf Bauch, Brust, Schulter, mit Blick auf den künstlich erleuchteten Pool, mit dunklen Palmen vor etwas hellerem Himmel (bewölkt, gewittrig, abendlich), ein Rascheln und Klappern in Blättern und Palmblättern, die Grillen schreien und der Nachtleguan ist bereits unterwegs, er hat die Sprungechsen des Tages abgelöst.

»Frösteln am Amazonas«
Brasilien 1995

Der kleine Junge wird fotografiert.

ANFLUG

Die »Revista de Bordo Varig« nennt sich »Icaro« – und das war doch der von den beiden, der abgestürzt ist. Wäre nicht Daedalo ein vertrauenerweckenderer Name gewesen?

*

Schaut man am Flughafen São Paulo aus dem Fenster, so sieht man hier und da Landschaften, die Frans Post gemalt haben könnte – wenn man sich die ganzen Flugzeuge und Kontrolltürme einmal wegdenkt.

ER FINDET ETWAS, WAS IHM SELBER GEHÖRT

Vor der Paßabfertigung in São Paulo sehe ich ein längeres, technisch wirkendes Band auf der Erde, das ich fast heimlich einstecke: Wer weiß, wozu das zu gebrauchen ist. Erst am Morgen darauf stelle ich fest, daß alles schlechte Gewissen vertan war: Das Band gehört mir selber und dient dazu, das Fernglas zu sichern.

VERWÜSTUNGEN

Elgo und Lucia, Guides. Er, etwa 25: »Ich besuche oft das Dorf meiner Jugend. Der Wald dort war früher voll von Tieren: Affen, Tapire, Gürteltiere, Tukans und andere. Seit sechs Jahren – nichts.« Auch der Regen sei anders geworden: Früher sei er mit viel größerer Intensität und Regelmäßigkeit gefallen.

Sie ist OP-Schwester im Hauptberuf und hat gerade einige ästhetische Eingriffe hinter sich (Bauchfett, Brust, Oberschenkel, auch Po?). Sie: »Alles hier ist gefährdet. Wo es einen Anfang gegeben hat, gibt es auch ein Ende.«

*

Die Verwüstungen vom Flieger aus gesehen: Nach Hunderten von Kilometern Regenwald über eine ebenso lange Distanz menschliche Eingriffe der brutalen Art. Während ein Fluß samt Nebenarmen wie ein Schriftband dahinmäandert, hat der Mensch kilometerlange Geraden in den Wald geschlagen, geholzt, verbrannt und überall auch von weit oben deutlich sichtbare Spuren der Zerstörung hinterlassen, bis hin zu Arealen, auf denen gar nichts mehr wächst, weil alles ab- und ausgewaschen ist und die rote Erde offen zutage liegt.
Der Urwald steht auf Lehm und Sand. Der Boden ist nicht fruchtbar: Nach Brandrodung und drei Maniokernten ist er ausgelaugt. Rinderweiden halten sich nur fünf Jahre – dann wächst nichts mehr.
Drei Trockenmonate – und die ganze Pracht wäre hin. Der Wald braucht Wasser – fällt der Regen nicht ausreichend, trocknet der Boden sehr schnell aus, wird hart und begehbar, nicht sumpfig.

UMLERNEN

In Brasilien ist der Süden kühl und fleißig, der Norden dagegen faul und schwül, auch eignet dem Nordbrasilier eine naturgegebene, reizende Schlampigkeit.

HAUSTIERE

Die ersten Papageien, die ich sehe, sind grün, einer heißt Pedro und kann angeblich Spanisch, was er freilich nicht unter Beweis stellt. Dafür ist er dann mit zwei anderen im Frühstückspavillon, zusammen mit sechs Katzen warten sie auf Gaben. Hinterm Haus drei rote Papageien und ein Ara, daneben zwei Wollaffen. Jung seien sie noch frei herumgelaufen, sagt Lucia, doch als Erwachsene seien sie zu dreist und unberechenbar. Nun sind sie eingesperrt, und das mitten im Urwald. Hier lebte übrigens auch der gehbehinderte Jaguar, den meine Steuerberaterin zusammen mit ihrem Mann ablichtete. Sechs Jahre habe er hier verbracht, handzahm und ein Liebling des Publikums.

AMAZONASFAHRT

Tropischer Regen: Im Nu ist die Welt versunken, keine hundert Meter weit kann man sehen, geschweige denn 15 Kilometer – so breit ist hier der Fluß. Kühler Regen, keine Spur von Schweißbächen.
Es bleibt tagsüber bewölkt – einen überwältigenden Sonnenuntergang kann und wird es nicht geben.
Frösteln am Amazonas.

*

Der Guide: Er esse jeden Tag Bananen. Bananen seien gut für die Augen. Man hat jedenfalls noch nie einen Hasen mit Brille gesehen.

*

Im Steuerhäuschen drei Schilder:
Der Herr ist mein Hirte, mir wird nichts mangeln.
Wenn dein Stern nicht scheint, warum versuchst du dann, meinen auszumachen?
Wenn Gott für mich ist, wer sollte gegen mich sein.

*

Nachtfahrt auf dem Amazonas. Die Geräusche: Frösche, Zikaden, Grillen. Singende Kinder. Der Dieselmotor. Hunde. Das Schwatzen und Lachen der Guides und der Einheimischen.
Die Luft ist mild und schön, allerdings ohne Gerüche. Die Geräusche flößen keinen Augenblick lang Angst ein.
Die Tiere: Eine Eule, die mißmutig nach langer Störung auffliegt. Zehn junge Alligatoren, die der Guide Chico teils mit Hand, teils mit Schlaufe zu fangen sucht. Er ist ausgestattet mit Kopftaschenlampe und Handscheinwerfer, die Alligatoren haben (wie die Eule) stark reflektierende Augen, sie hören schlecht, trotzdem entkommen neun von zehn, zum Teil im letzten Moment.
Der gefangene Alligator: Ein Jahr alt, weiblich, verharrt in Schreckstarre, wird wieder ins Wasser gelassen, bläst kräftig durch die Nüstern und taucht ab.
Ein Tier tritt ans Wasser. Etwa ein Schabrackentapir? Nein, ein Schwein.

*

Schöne Wildnis: Da ist kein Uferrand, auf dem nicht ein Haus stände, manchmal sind es regelrechte Hangars aus Eternit, manchmal ein Holz- und Schilfverschlag auf Stützen.

*

Große Erlebnisse: Der Mangrovenreiher. Der Blaukappenreiher.

*

Rund um die Häuser der Bauern und Fischer sieht's übel aus. Sie liegen schön: Hoch über dem Wasser, was auch praktisch ist wegen der Überschwemmungen. Also muß man einen Trampelpfad hochsteigen, und der ist, ebenso wie die Umgebung des Hauses, durchsetzt von Plastikresten, so daß es den Anschein hat, die glänzenden Partikel seien ein organischer Bestandteil der Erde.
Überlegung, daß Geier zu züchten wären, die mit Plastikabfällen fertig werden können.

*

Nochmals Nachtausflug, nochmals gilt es Alligatoren zu fangen, diesmal geht Chico ein etwa 1 Meter langer in die Schlaufe, in der er sich verzweifelt windet, indes er zornige und befremdliche Laute ausstößt, sonst doch so ein stilles Tier. Die Franzosen nehmen es wie die Brasilianer von der heiteren Seite, dabei wird dem Opfer die Luft erkennbar abgeschnürt bei seinem Sichwinden und Umsichschlagen. Erst als der Guide ihn am Nacken zu fassen kriegt, wird er starr, bald danach darf er ins Wasser.
Kurz darauf eine ganz unglaubliche Szene: Ein großer Eisvogel sitzt starr im Scheinwerferlicht, auch ihm will sich Chico mit der Schlaufe nähern, im letzten Moment – die Schlinge hatte sich schon um seinen Hals gelegt – rafft sich das Tier auf und fliegt davon. Bravo.

*

Unter Ausländern, die zwar gut deutsch sprechen, kleinere Patzer jedoch nicht vermeiden können, fühle ich mich stets versucht, ebenfalls kleine Patzer in mein Deutsch einzubauen, lediglich per compania und wohl wissend, daß mein Gegenüber es entweder nicht bemerken oder nicht befremdlich finden wird, wenn ich einwerfe: »Du kannst ihm morgen vom Hotel Tropical aus anrufen.«

FRAUEN

Abends auf dem Oberdeck. Direkt an der Reling sitzt die Silhouette des jungen Mädchens, das zur Familie des Kapitäns gehört, zwölf bis dreizehn Jahre alt, nach Art der jungen Mädchen hier bereits recht rund mit deutlichen Brüsten. Also nichts für den reifen Mann, doch hier, als Umriß in der Tropennacht, allein, auf ruhig gleitendem Schiff, weckt sie alte Wünsche, richtiger: ist sie eine tief eingegrabene Aufforderung: Tritt neben sie! Fang ein Gespräch an! Wer weiß, ob's beim Gespräch bleiben wird ...

Morgens dann die Mutter, die unser Frühstück bereitet, nach getaner Arbeit in der Tür stehend, die zum Heck führt, in T-Shirt, kurzen Hosen, eine reifere Frau, keine Femme fatale, doch schicksalsträchtig: Die Frau. Am Frühstückstisch denke ich mir die naheliegende Konstellation: Vier Männer auf dem Amazonas, die Hitze, die Einsamkeit, das Begehren, die Frau.

MENETEKEL MANAUS

Lucia holt mich ab, um mir etwas zu zeigen, was ich nur zu gut kenne und verabscheue, eine mittelprächtige Stadt der Dritten

Welt, die durchgehend davon Zeugnis ablegt, wie schwer es den Menschen fällt, in größeren Mengen und mit avancierterer Technik zusammenzuleben, ohne daß alles – zumal in warmen Landstrichen – stinkt, verfault, verfällt und dem Auge weh tut. Aber die Märkte, die Märkte! Die stinken noch mehr als der Rest der Stadt, und das Auge, das sich einmal an einem Stück Fäulnis festgesehen hat, wird nie wieder jene Unschuld zurückerlangen, die es ihm ermöglicht, Niedergang malerisch und Unfähigkeit exotisch zu finden.

Zurückgekehrt, kommt mir in der Erinnerung alles noch schlimmer vor als in der Vorwegnahme: Dieser allgegenwärtige Dreck! Diese durchgehende Fäulnis! Dieses unaufhörliche Verrotten! Von einer Brücke geht der Blick auf eine Szenerie, die malerischer kaum denkbar ist. Pfahlbauten rahmen einen Flußarm, Schiffe dümpeln im Wasser, nur: Unter den Pfahlbauten häuft sich der Dreck, so als hätten die Häuser ihre Ausscheidungen unter sich gelassen. Und rund um die Schiffchen ist vor Weggeworfenem und Angespültem kein Wasser mehr zu sehen. Das sei nun mal Landesbrauch, sagen die Touristenbetreuer, er aus der Schweiz und sie aus Südbrasilien, und beide scheinen ihren Frieden mit dem Zustand gemacht zu haben, in welchem sich so gut wie die ganze Stadt befindet, gerade daß in Richtung Hotel Tropical so etwas wie gesittete Zustände einkehren: Alles andere ist wüst und planlos, von Feuchtigkeit befallen und in allen Zuständen des Nochnichtfertigseins und Schonvergammelns. So sehr ich mich bemühe, ich kann all das nicht als freundliche Sumpfblüte einer mir fremden Mentalität, zudem von Armut befördert, sehen, ich erblicke darin ein Menetekel, das an die Wand malt, was weltweit droht, daß der Mensch mehr und mehr unfähig wird, sich zu organisieren, und aus purer Verzweiflung oder Abstumpfung alles zu Boden fallen und dort liegenläßt: Tritt sich fest.

Mitten in diesem Verfall steht allerdings das renovierte Opernhaus – bis vor einem Jahrzehnt auch fast Ruine. Dort hatten – laut Lucia – in den 40er, 50er, 60er Jahren Huren und Penner gehaust, gevögelt und Kinder geboren, die ihrerseits zu Huren, Dieben und Pennern wurden, und das unter den Augen der allegorischen Deckengemälde, zwischen Muranolüstern und inmitten eines Prunks, der die abendländische Kunst und Kultur zu Zeugen der amazonischen Kulturleistung aufrief – das muß ein Anblick gewesen sein. Das Gebäude ist von barbarischer Feierlichkeit, und es rührt an, zu sehen, wie die Kautschukbarone ihre Natur- und Menschenausbeutung dadurch zu adeln suchten, daß sie die Säulen, die die Logen stützen, mit Namen der abendländischen Spitzenkünstler garnierten: Racine, Lope de Vega, Schiller, Shakespeare, Goethe, Verdi, Mozart, Beethoven, aber auch Garret, wer immer das sein mag.
In den Aushängekästen des prächtigen Kastens aber wellen sich kleine Plakate für ein obskures Ereignis, lang her, und meine Gewährsleute berichten mir, der Brasilianer säße ab 16 Uhr vor dem Fernseher, um bis 21 Uhr Telenovelas zu sehen: Dreck zu Dreck, Verwesung zu Verwesung, Staub zu Staub.

*

Armer Tourist. Nichts weiß er, alles muß ihm erklärt werden, stets hat er den Eindruck zu erwecken, daß ihn diese Erklärungen auch intereressieren: Ach was? So früh schon ist dieses Kloster dem Erdboden gleichgemacht worden?

DER BRASILIANER UND DER DEUTSCHE

Um 4 Uhr 30 werde ich im Fünf-Sterne-Hotel Tropical in Manaus geweckt, um 4 Uhr 35 stören mich Laute von außen:

Ein Brasilianer unterweist einen anderen Brasilianer lauthals und unter Gelächter in der Kunst der maschinellen Swimmingpool-Reinigung. Um 4 Uhr 30! empört sich eine innere Stimme in mir, zu nachtschlafender Zeit! Dabei bin ich doch schon wach, und auch die Tatsache, daß alle Zimmer auf den Pool gehen und zahlreiche Gäste sich gestört fühlen könnten, sollte mir, dem Wachen, doch eigentlich egal sein.

SCHLANGEN UND VÖGEL

Marajo, 53 Kilometer vom Äquator entfernt – inmitten fremder Vogelgeräusche, die auch über Mittag nicht leiser werden. Im Prospekt hatte gestanden, hier lebten Haustiere, Menschen und Anakondas sowie andere Schlangen in natürlicher Gemeinschaft. Bei Tisch erzählt Eduardo, der Familienvater, er töte jede Anakonda und jede Giftschlange: Er habe selber gesehen, wie man ein Kind aus einer Anakonda gezogen habe; er kenne viele, die an Schlangenbissen gestorben seien oder durch sie Arme und Beine verloren hätten.

*

Eigentlich müßte man ein Vogel sein, um sich für Marajo zu interessieren – auf jeden Fall sollte man sich für Vögel interessieren, wenn man nach Marajo fährt.

VOM ZUSPÄTKOMMEN

Vor einem Monat noch habe es in Marajo Wolken von Vögeln gegeben, Ibissen, Löfflern: Jetzt sei es zu spät, sie paarten sich und bauten Nester, lebten also heimlich …

Je länger man lebt, häufen sich solche Geschichten, in denen einem das Gefühl vermittelt wird, zur falschen Zeit am falschen Ort gewesen zu sein: Berliner Künstlerbälle direkt nach dem Krieg … Bali vor 1970 … Die Welt vor der Revolution von 1789 …
Schlimm, davon zu hören und zu wissen, ein Zuspätgekommener zu sein, schlimmer aber noch die ebenfalls erst später dämmernde Erkenntnis, zur richtigen Zeit am richtigen Ort gewesen zu sein, ohne es zu wissen bzw. zu nutzen: Im Frankfurt der Sechziger nicht einmal eine Adorno-Vorlesung gehört zu haben! Im Berlin der Frühsechziger Wand an Wand mit Baselitz gemalt zu haben, ohne zu begreifen, daß da einer der wenigen wirklichen Künstler dieser Generation am Werk war, jung, kaputt und genialisch …
Und dann wären da noch diejenigen Momente aufzuzählen, in denen ich zur richtigen Zeit am richtigen Ort war und die Gunst der Stunde nutzte. Alles in allem erstaunlich viele Momente.
(Das große Trauma ist und bleibt natürlich: Deutschland vor Hitler, als Gestalt wie als Gehalt – daß ich das nicht mehr erleben durfte!)

GNADENLOSE TROPENNÄCHTE

Gnadenlose Tropennächte
In dem Schein der Taschenlampe
Bleibt verborgen, was dich ängstigt:
Deine schwülen Träumereien
Deine heißen Phantasien
Deine feuchten Abenteuer
Deine fremden Abziehbilder

All die kruden Ausgeburten
Gnadenloser Tropennächte.
Schluchzend lacht sehr nah ein Käuzchen.

SALVATERRA

Da der Fotograf Fotos machen muß, auf denen Strand und Wasser vorkommen, landet unser Pilot in Salvaterra, nachdem er von der Luft aus ein Taxi geordert hat, das bringt uns von der Piste an den Strand, und schon auf der Fahrt kommt Freude auf darüber, wie gut sich die Menschen hier organisiert haben, und darüber, wie schön sie sind. Die nächste Stunde dann ist wie ein kurzer berückender Film, der das Thema Heile Welt auf konventionelle, doch in Details überraschende Weise abhandelt: Die Familie, der kleine Sohn, der mit dem Wasser Bekanntschaft schließt; die Ankunft des Fischerbootes; die Jugendlichen, die das Boot erwarten, der Hund, der ihm entgegenkommt; die vereinten Kräfte von acht Jugendlichen und drei, vier Erwachsenen, die das Boot vom Meer aus durch Drehung und Gegendrehung bis hoch zum Häuschen befördern; der Fischer, der den Fang herauswirft, der Jugendliche, der ihn bündelt; die beiden, die mit den Fischen nochmals ins Wasser gehen und zurückkehren. Das Boot heißt Cruz de Malta, der Ort Salvaterra, also gerettete Erde oder so ähnlich.

DIE DEUTSCHE REISEAGENTIN

Sie ist so erfüllt von vorauseilendem Gehorsam, daß sie überhaupt nicht vorankommt. Da sie jede mögliche Wendung des Gesprächspartners vorwegzunehmen trachtet, diese Möglichkeiten aber Legion sind, dreht sie sich fortwährend um die eigene Achse: »Jetzt ist eigentlich die Kathedrale dran, das heißt, Sie müssen sie nicht besuchen, Kathedralen kennen Sie ja genug, aber wenn diese Kathedrale aufhat – sie schließt um elf –, vielleicht schaffen Sie es noch, aber natürlich nur, wenn Sie wollen, Sie müssen nicht.«

Früher oder später beginnt sie zu lachen, meist früher. Es ist ein Lachen, das nicht ungefällig anhebt, hoch und fast mitreißend, jedoch rasch an Tonhöhe und Charme verliert und wie erschöpft und tonlos, wenn nicht mißtönend endet. Sie lacht über alles und jedes, so als müsse sie sich für alles und jedes entschuldigen: »Und das da, das sind eben die Armenviertel, na ja, was man so Armut nennt, Armut ist ja relativ, haha, hier lebt man ja viel auf der Straße, kein Wunder bei den Temperaturen, haha, da läßt sich das Leben schon besser ertragen.«

Manchmal beginnt sie bitter und versucht, ihrer Stimme Festigkeit zu geben, doch schon bald gewinnt ihre zwanghafte Verbindlichkeit die Oberhand: »Ja, der Dreck, das ist wirklich ein Problem. Der Hafen könnte so schön sein mit dem Markt und den alten Booten, und dann werfen sie alles ins Wasser, wie's gerade kommt, haha, und die Bürgermeister versprechen immer wieder, was zu tun, und dann tun sie nichts, haha, überhaupt nichts, haha …«

Sie ist Sportschützin, ein Hobby, das dann doch erstaunt und von ihr halb offensiv, halb verschämt geoutet wird: »Wir bauen gerade einen neuen Verein auf, gar nicht so einfach, wir Sportschützen werden ja überall mit Mißtrauen beäugt, dabei läuft hier jeder mit einem Revolver rum, aber das Schießen als Sport …« Dem folgt die längere, verworrene Geschichte des bisherigen Vereins, seiner Auflösung wegen Mißgunst, eine voraussetzungslos erzählte und mit Andeutungen gespickte Chronik unguter Ereignisse. Hinter dem ersten Schießstand ist eine Favela entstanden, deren Bewohner sich, von einem abtrünnigen Schützen aufgehetzt, im Fernsehen als Opfer des Bleis präsentiert hätten, mit Patronenhülsen als Beweisen, wo doch jeder wisse, daß die Hülse nicht weit vom Schützen niederfalle, also schon mal faul, trotzdem hätten sie beim Militärclub Unterschlupf suchen müssen, da sei weiter intrigiert worden, haha, zum Beispiel mit der lachhaften Behauptung, sie beschädigten die Zielscheiben der Soldaten, dabei verhalte es sich genau umgekehrt, und jetzt habe man nach langem Suchen wieder was gefunden, »mal sehen, wie lange das gutgeht, hahaha, es ist doch … Man fragt sich doch …«

Sie hat die Schulzeit – einen Teil? – im Internat in N. verbracht, nun ist sie Schützin, ebenso wie ihr Mann, und alles in mir sträubt sich, mir auszumalen, wie die beiden, er, Technischer Direktor einer Brauerei, und sie, Reiseagentin, zwei herangewachsene Kinder, alle seit ca. 25 Jahren in Brasilien, wie die zwei also über Schießen und Vereinsquerelen immer wieder ihr Paarsein konstituieren oder restituieren, was weiß ich.

Trifft man sie häufiger, so fällt auf, daß diese verbindliche, hilfsbedürftige Frau einen unerwartet zähen Kern besitzt. Zwar redet sie dauernd um den heißen Brei herum, doch immerhin redet sie. Bald schon weiß ich mehr über sie, als sie jemals über mich erfahren wird, und jeder Anlaß ist ihr recht, über sich zu reden, auch das Angebot, ihren Kaffee zu süßen: »Ja, nehm ich nun Zucker oder lass ich es? Ich war früher mal eine ganz Süße – haha, so sagte man doch, oder sagt man es noch, ist ja egal, aber mit der Zeit bin ich immer mehr vom Zucker abgekommen, und jetzt will der hier nicht einmal aus der Dose kommen, haha … Ja, die Luftfeuchtigkeit ist hier ein ziemliches Problem, obwohl, zu trockene Luft hat ja wieder andere Schattenseiten …«

Das sind Momente, in denen der Zuhörer ihr gerne rüde über den Mund fahren würde; zur Strafe läßt er sich wenigstens von ihr bedienen, wenn sich die Gelegenheit bietet, und das tut sie oft. Dann legt sie auf, tritt ab, läßt den Vortritt und schenkt ein, und der Bediente läßt früher oder später jede Höflichkeit fahren bei so viel Dienstbereitschaft. Dafür zahlt er dann wieder, wenn er an einer jener Führungen teilnimmt, die sie doch noch durchzusetzen verstanden hat. Sie weiß viel über Pflanzen und Erden, ständig sieht sich der Zuhörer gezwungen, Verständnis und Interesse zu heucheln. Das hätte er mal lieber lassen sollen, denn am nächsten Tag schleppt sie einen Packen Bücher und Hefte an und drängt ihm die Telefonnummer des Wissenschaftlers auf, der in Zweifelsfragen zu konsultieren sei, dabei weiß der Zuhörer längst, daß er zweifellos erst mal genug hat von Bromelien und nährstoffarmen Wassern.

Interessant, denkt er, als er sich wieder mal dabei ertappt, in ihre Falle zu tappen.

»Na ja, so rede ich und rede ich, dabei interessiert Sie das alles wahrscheinlich gar nicht, warum sollte es auch ... hahaha ...«

»Doch, doch, sehr interessant«, antwortet der Zuhörer, anstatt das Gespräch brüsk zu beenden. Auch er ist halt ein Verbindlicher, und gequält ihrem um sich selber strudelnden Redefluß folgend, dämmert ihm die Einsicht, er sei der verbindlichere Verbindliche und das eigentliche Opfer der Konstellation.

IRRTÜMER UND FRAGEN

»Viele Jugendliche in Belém«, sagt der Gast aus Deutschland. Es sieht so aus, als strömten die alle zu einem Pop-Konzert, dabei ist das ein normaler Samstagvormittagsanblick in einem

Land, welches, im Gegensatz zu Deutschland, Geburtenüberschuß hat.
Unter solchem Dozieren ist er vor dem Hotel angelangt, wo spätestens ihm klar wird, daß alle Jugendlichen in der Tat zu einem Konzert unterwegs sind. Auf dem Platz gegenüber steht eine riesige, fahrbare Musikmaschine, deren Disk-Jockey den Karneval von Belém einläutet mit »Allegra!« und »Festa! Festa!«.

*

Den Verheißungen Fremder darf man nur bedingt Glauben schenken. Den Bildern im eigenen Kopf sollte man bis zur Überprüfung mißtrauen. Was Brasilien aufregend macht, sind nicht so sehr die Bäume oder die Tiere, sondern die Menschen. Bisweilen kam ich mir dort wie in einem Labor vor: Man nehme die vier Grundrassen und Grundfarben Weiß, Schwarz, Rot und Gelb und kreuze sie in jeder nur denkbaren Kombination. Was ist das Ergebnis? Auf jeden Fall das sehenswerteste Volk der Erde, und das in jeder Hinsicht: Da siehst du die schönsten Menschen und die häßlichsten, die größten und die kleinsten, die athletischsten und die dicksten, die hellsten und die dunkelsten, und so fortan.

*

Zerstreutes Hinausschauen aus dem Flugzeug Belém – Rio: Wolkenfelder … Wer bestellt sie, wer erntet sie ab?

»Das Paradiesische ist feststellbar«

Indonesien 1987

Der kniffliche Malaie
spielt teuflisch gut Schach.

INDONESISCH FÜR ANFÄNGER

Immigrasi
Korrupsi
Manipulasi
Apoteki
Reparasi
Administrasi
Naturalisasi
Konsolidasi
Informasi

Hati Hati – Achtung
Clackson – Hupe
Knalpot – Auspuff
Wanita – Frau
Maschin tik – Schreibmaschine
Topi – Hut
Handuk – Handtuch

RACHE DER MALAIEN I

Jakarta. Hotelnacht: Schlaf in Etappen über 13 Stunden, etwa um 4 Uhr rituelle Gesänge, die sich über ein, zwei Stunden hinziehen. Zum Frühstück schaltet der Kellner eine schauerliche Musik ein, ich weiß nicht, was tun. Schließlich bitte ich ihn, die Musik leiser zu stellen, und beneide zugleich die, die draußen unter den Arkaden frühstücken. Die haben

a) den Mut gehabt, sich draußen hinzusetzen, und b) kein Problem mit der Musik. Aber nein. Die Musik beschallt das ganze Hotel; beim Heraustreten aus dem Speisesaal verfolgt sie mich unter den Arkaden und durch die leeren Flure – eine wahrhaft schauerliche Rache der Eingeborenen an ihren einstigen Unterdrückern und jetzigen Kunden, doch wahrscheinlich wissen sie gar nichts davon, wie teuflisch sie sind, diese Malaien.

RACHE DER MALAIEN II

Während des ganzen Tages hämmert jemand teuflisch langsam an einem kleinen Mäuerchen (kaum bordsteinhoch). Er soll es wohl abtragen und läßt sich teuflisch viel Zeit dabei. Dazu dringt leis durch die Zimmertür und durch das Fenster die Musik, die das ganze Hotel berieselt, und hin und wieder mischt sich das mit rituellen Gesängen von der Moschee. (Zur Musik – sie wurde eingeschaltet, als ich mich zum Frühstükken niedergesetzt hatte, so, als wolle mir der teuflische Malaie auch noch eine Freude machen.)
Einer sitzt in einem indonesischen Hotel und verfällt langsam dem Wahn, der teuflische Malaie mache immer gerade da Krach, wo er sich aufhält (Staubsauger beim Kaffee).

DIE EINSAMKEIT DES WEISSEN UNTER DEN BRAUNEN

Der Autor, der der Exotik mißtraut und am Strand von Pelabuhan Ratu zugeben muß: Es gibt Exotik, alles ist fremd, und die beflaggten Schiffe haben etwas Traumhaftes. (Die Wind-

mühlen der Kinder. Die Einbäume. Die Auslegerboote. Die Form der Segel. Die hohen Bugsteven. Die abgeschlagenen Delphinköpfe.)
Schwarze Exotik: Die Fischhalle am Sonntagmorgen; wie in einer Leichenhalle liegen verschmutzt auf dem Sandboden der stinkenden, offenen Halle: ein Rochen, zerhackt bereits, groß und nur noch ein Stück versandender Materie, und dann sind da etwa 15 tote Haie. Abends zuvor: Der Motorradfahrer, der einen großen Fisch – Delphin? – quer auf den Hintersitz geschnallt hatte.
Das Netz, das mit viel Aufwand an Land gezogen wird und dann vor allem – im schweren, vollen, sandigen letzten Stück – Quallen enthält.

*

Der Autor, der die schönen Menschen sieht und weiß, daß er zu den häßlichen gehört – überall laufen die ihm ja in der Bungalow-Anlage über den Weg, seine Spiegelbilder: Keiner schön! Am Strand tummeln sich die Einheimischen: Alle schön.
Der Autor und seine Gefühle angesichts derjenigen seiner Landsleute, die mit so einem schönen Menschen reisen / ausgehen / schlafen.
Die Einsamkeit des Weißen unter den Braunen.
Seine Häßlichkeit: Er kauft im Mega Shop Mata Hari im Ratu Plaza übergroße Unterhosen. Probiert ein T-Shirt an. All die schlanken Malaien ... Er steht ganz fassungslos vor dem Spiegel: White man's Würgen.
Idee: Der Malaie und der Luxemburger – ein Vergleich.

*

Das Gefiepe und Geschieße am Krakatau Beach, während rechts die Wellen an Land schlagen und fast Vollmond ist: Die Verursacher sind drei weiße Kinder, die an zwei Space-Invader-Automaten sitzen.

*

Morgens am Strand die Angebote: Fahrt zum Krakatau? Zum Korallenriff? Dann zwei Alte: Er besteht auf der uralten deutsch-indonesischen Freundschaft. Sie bietet mir aus fast schwarzem Mund etwas an, was ich nicht verstehe. Erklärend streift sie mir zweimal den Arm entlang: Massahsch.
Weiter am Strand, vorbei an der japanischen Tauchschule, die sich zum Frühsport rüstet, nach einer Nacht in Zelten. Eine rasche Erinnerung daran, wie ich als Siebenjähriger in Bissendorf mit wilder Sehnsucht die Zeltenden an der Wieze betrachtete – wieso eigentlich? Ich war damals gerade zweimal geflohen, na jedenfalls gereist bei völliger Veränderung sämtlicher Lebensumstände, ich besaß nichts mehr und lebte im Walde, und trotzdem war mir klar, daß es eine noch erstrebenswertere, weil noch unbehaustere Lebensform gab, die von denen da, die einen Wimpel hatten und überm offenen Feuer abkochten – woher diese Gewißheit? Und wieso gab es damals bereits wieder bündische Jugend oder Wandervögel – da war doch gerade erst ein Krieg verloren worden. Na egal.
Jetzt reiste ich also mit Fahrer durch Java und sah diese Zelte, mit stumpfer Neugier: Ob die auch gestochen worden waren. Den Strand zurück, da war mir bereits einiges klarer. Die alte Frau kauerte mit einer jüngeren und einer jungen im Schatten, indonesisch-griechisches Winken: Massahsch! Ich: Tidak (Nein). Auch vor meinem Bungalow hockt ein Mädchen, das fast lethargisch, ja uninteressiert winkt, wie ein Tramper, der ganz einfach seine uninteressierte Pflicht tut. Seh ich so aus?

Aber es ist auch wirklich noch zu früh, halb acht Uhr morgens.

*

Meer: Abends in warmes, mondbeschienenes Meer – das war ein starkes, fast unheimliches Erlebnis. Morgens ist es dann ziemlich geheimnislos – als ich weiter hinausgehen will, sind da Quallen, die mich dazu veranlassen, wieder die Strandnähe aufzusuchen, dort aber kann man nicht schwimmen, zu flach.

*

Das Krakatau Beach Hotel ist irgendwie very Maori, wahrscheinlich aber ganz Javanese. Von Bildungsinteressen des Gründers zeugen rustikale Schautafeln mit Krakatau- und anderen Informationen. Das Meer schlägt hier mit tödlicher Gleichmäßigkeit an den Strand – eigentlich ein dämliches Geräusch.

*

Landschaft um Ciater: Reisterrassen, die von Regenwald begrenzt werden. Bananenstauden säumen die Terrassen, dahinter ziegelgedeckte niedrige Häuser. Bäume mit dünnen, hohen Stämmen, die eine kleine, ovale Krone haben. In Wäldchen und Wäldern immer wieder Palmen, daneben Nadelgehölz. (Im Ort standen Kakteen neben Zypressen.) Durch die Landschaft geht ein festlicher, beschwingter Zug, nichts steht gerade (außer Betonmasten), alles schwingt, öffnet sich fächerförmig, glänzt. Dahinter der Vulkan, »Berg wie ein umgestürztes Boot« oder so ähnlich, dessen Gipfel noch in Wolken ist. Über ihn gibt es ein paar Legenden, eine im Reiseführer und eine, die der Fahrer mir erzählte: Prinz liebt die ihm unbekannte Mutter, sie wehrt ihn unter Hinweis auf Verwandtschaft ab, stimmt dann zu, falls er in einer Nacht Boot baut. Fast geschafft, mit Geisterhilfe, doch nicht ganz, vor Zorn Boot umgestoßen.

*

Die Frage ist, ob diese ganze Bellezza hier etwas für die Kunst hergeben kann. Auf Bali sollen seit den dreißiger Jahren Maler leben – nie gehört, einer habe jemals was von Belang gemalt.

EINE DIESER KLASSEUNTERHALTUNGEN

Was macht diesen Nasi zum Nasi Goreng?
?
Was macht diesen Nasi gelb?
Kecap.
Was ist Kecap? Ketchup?!
Nein. (Schaut im Buch nach.) Hier ist »Kecap«. Da steht »Kecap: Ketchup. Taste.«
Und so fortan.

ORT DER ORTE

Eine Typologie des »Ortes der Orte« (OdO) erstellen, sowie den Versuch unternehmen zu klären, was diese Orte denn eigentlich zu dem macht, was sie sind.
1. Der OdO liegt im Süden, jedenfalls südlich von dort, wo man gerade lebt. Am OdO ist es warm, da ist Meer, das man auch hört, abends im Hotel oder wo.
2. Der OdO ist weitgehend unbekannt bzw. der weitgehend unbekannte Teil eines bereits bekannten Landstrichs.
3. Der OdO ist eine Entdeckung. Selbst wenn der Hinweis

durch Freunde, selbst Reiseführer erfolgt ist, ruft der OdO in demjenigen, der aus dem Auto aussteigt und sich erstmals im Ort umschaut, das Gefühl hervor: Daß einem keiner gesagt hat, wie schön es hier ist! Daß man aber auch alles selber entdecken muß! Daß es so etwas noch gibt! Ein Glück, daß es mich gibt, das hier zu entdecken und zu würdigen!

4. Der OdO liegt nicht einfach im Süden und am Meer, er weist einige Charakteristika auf, die sich gleich bleiben, ganz gleich, wo der Ort liegt, ob in Italien, Griechenland, auf La Palma oder Java: Er ist klein, die Anreise ist beschwerlich, die Straße endet im Ort, danach gibt es nur das Meer. Das heißt: Da ist eine Bucht. Da ist ein Fischerhafen. Da ist ein irgendwie reges Leben und Treiben.

5. Der OdO ist billig. Irgendwie traumhaft. Zum OdO gehört, daß die Einheimischen keine Ahnung von dem haben, was sie da haben: Abgelegenheit, Ursprünglichkeit, Unschuld, Schönheit etc. Der Beweis dafür, daß sie das alles nicht wissen – der Beweis ihrer Unschuld also besteht in niedrigen Preisen. Nicht weil der Entdecker raffgierig oder geizig ist, muß er auf niedrigen Preisen bestehen, er tut es im Interesse der Leute. Wüßten die, was sie anbieten, wären sie nicht mehr unschuldig, sondern berechnend. Berechnende Menschen aber kann der Entdecker im OdO nicht dulden, das ist er den Einheimischen einfach schuldig.

6. Der OdO hat ein billiges, doch besonderes Hotel. So, wie im OdO alles alt ist – oder doch so wirkt –, so ist auch das Hotel alt, bzw. es wirkt so. Macht nichts, wenn die Betten quietschen, die Röhren gluckern, die Abwässer nicht ablaufen – Hauptsache, das Hotel liegt »direkt am Meer«; Hauptsache, der Entdecker bekommt ein Zimmer direkt aufs Meer, möglichst das mittlere im ersten Stock, mit dem Balkon und der grünen Flügeltür. Drinnen ist der Boden dann gekachelt,

sind die Wände weiß, fällt das Licht in Streifen auf die Wände, morgens, mittags oder abends – je nachdem, nach welcher Seite das Hotel, der Ort, die Bucht liegt.

7. Der OdO ist das Produkt kollektiver Phantasien, seine Stimmungs- und Wallungswerte sind die Folge angestrengter Arbeit; viele Paradiesvorstellungen und viel Künstlertum waren notwendig, um in derart vielen Köpfen das scheinbare Ur- und tatsächliche Inbild des OdO zu schaffen. Denn als Idee ist er uns eingeschrieben, jedenfalls stellt sich mir das so dar. Als ich den OdO suchte, wußte ich bereits, wie er auszusehen hatte. Immer, wenn ich ihn gefunden hatte, wußte ich: So und nicht anders muß der OdO aussehen. So auch heute wieder in Pangandaran, an der Südküste Javas. Da stimmte mal wieder alles, in einer Weise, daß es fast schon nicht mehr schön war. Daß es so was noch gibt! Daß ich … etc.

8. Der OdO schreit nach Beglaubigung. Eben weil alles so unglaublich schön und so unglaubwürdig billig ist, braucht der Entdecker Zeugen, die ihm bestätigen, daß er nun aber wirklich das von allen gesuchte Eldorado der Seele entdeckt hat. Zeuge Nr. Eins des von ihm wiederentdeckten irdischen Paradieses ist natürlich sie, die neue Eva, die den Adam zärtlich kneift, wenn er stöhnt: »Das darf doch nicht wahr sein!« und sie in gespielter Verzweiflung bittet: »Bitte kneif mich.« Irdisches Paradies, da sie ja nach einem neuen Paradies Ausschau halten, das ihre irdischen Vergnügungen nicht gegenstandslos macht, sondern ins Gegenteil verkehrt. Der OdO ist immer auch der Ort, an dem es erfahrungsgemäß am besten läuft. Jedenfalls haben er und sie das immer so gesehen, und sie werden sich immer an diese Vorstellung klammern.

9. Da der OdO beglaubigt werden muß, spricht er sich herum. Von dem Elend, das dann einsetzt, weiß jeder, da jeder es mitverursacht hat. Daß jedermann dazu beigetragen hat, den

einen oder anderen OdO auf Null zu bringen, hindert ihn freilich keineswegs daran, weitere OdOs zu suchen. Im Gegenteil: Fast planmäßig fahren die Scouts die Straßen der Welt ab, immer jene im Auge, die immer kleiner werden, um dann als Sackgasse direkt am Meer zu enden. So viele Fehlschläge! Doch die Entdecker geben nicht auf. Schon haben sie sich damit abgefunden, daß sie auf jeden Fall auf ihresgleichen stoßen werden, schon sehen sie ihre Spiegelbilder nicht mehr voller Grausen, sondern nur noch mißmutig, fast komplizenhaft. Schattenhaft erkennt der Explorer, daß er nur der Bauer in einem ziemlich kranken Spiel ist: Er ist ohne sein Wissen Teil des höheren Planes, daß sämtliche Sinnressourcen der Erde entdeckt, nutzbar gemacht und ausgebeutet werden müssen. Ob der Entdecker viel Freude an seiner Entdeckung hat, ist dabei gleichgültig. Hat er Glück, so kann er sie einige Jahre nutzen, bis dann die Menge folgt und ihm ein Humstibumsti-Haus errichtet. Er hat dann seine Pflicht getan, wenn er ein weiteres Paradies aufgetan und in Stein, Vers oder Flötenlied bekannt gemacht hat. Das wird ihm kein Mensch danken, aber der Bienenkönigin, die die Eier gelegt hat, dankt ja auch niemand. Das sollte den Scout eigentlich zu der kommunen Einsicht bringen, daß er beim nächsten, vielleicht letzten OdO besser den Rand halten sollte. Stattdessen setzt er sich hin und beginnt den folgenden Brief: Liebste! Kennst du Pangandaran? Als ich heute den herrlich einsamen Strand entlangging, hätte ich dich so gerne an meiner Seite gewußt … Und die behält das ebenfalls nicht für sich, und der Rest ist derart bekannt, daß nun aber auch jedes Wort zuviel ist: Der OdO wird zerstört, nachdem zuvor dem Entdecker folgende Touristen die Preise kaputtgemacht haben.

10. Am OdO bleibt man nie lange.

11. Der OdO ist auch der Ort, an dem man den lange geplan-

ten Roman endlich schreiben könnte, bliebe man nur länger dort. (Gilt für den, der bereits schreibt, freilich bisher leider nur für den Tag: Marcello Mastroianni in »La Dolce Vita«, als er im einsamen Küstenort an seinen Roman geht bzw. doch nicht geht.) Oder aber eine Stufe tiefer – hier könnte ich kreativ werden, wenn ich mich nur ließe. Aber: Keine Zeit, keine Zeit etc. (Gilt für alle, denen ein widriges Schicksal noch nicht gestattet hat, zu sich zu finden bzw. sich selbst zu entdecken und ihre Möglichkeiten – Schreiben, Malen, Makramee – zu realisieren.)

12. Zu den OdO kehrt man besser nicht zurück, siehe Methoni, siehe Tolon, siehe Tazacorte, siehe Alberese, siehe ... es ist dasselbe, wie wenn man in das Restaurant zurückkehrt, in welchem man am Vortag so gut gegessen hat und dort – und das ist nun das Allerfalscheste – noch mal das bestellt, was am Tag zuvor so gut gemundet hat.

IM TROPENHAUS

Von einem Gang durchs Reservat zurückgekehrt, scheint mir folgendes bemerkenswert:

1. Der Regen. Er setzte ein, als wir um 6 Uhr losgingen, verhielt sich aber keineswegs wie ein tropischer Regen, sondern nieselte meist sehr beständig vor sich hin. Es war wie der Gang durch ein Tropenhaus mit defekter Sprinkleranlage. Vor Aufbruch hatten wir javanische Hüte gekauft, nun taten sie gute Dienste, ein beruhigendes Rundumgetrommel schläferte den unruhigen Geist ein und erfüllte den Kopf ganz.

2. Die Tiere. Braune, halbzahme Erdaffen, von den schwarzen Makaken sahen wir nur einen, er hockte ruhig (trist?) auf einem hohen Baum. »Diese Affen kommen nie auf die Erde.«

Ein Eichhörnchen, hellbraun. Mehrere Gruppen von Java-Hirschen; mit einem Raubvogelschrei warnte einer das eine Rudel, dann stürmten alle zum Waldrand. Die Fledermaushöhle, die auf das Meer führt. Im Schein der Taschenlampe blinkten ihre kleinen Augen.
3. Die Situation. Immer wieder wies der Führer auf Schönheiten hin, die hier eigentlich zu sehen wären: Hier gibt es ganz viele Schmetterlinge. Hier sind gewöhnlich Affen. Hier kann man eigentlich Banteng-Rinder sehen. »Sorry for the rain.«

*

Morgens, am Strand, wurde ein Rochen zerhackt. Der Stachel war ab, die Seitenflossen, nun hackten ihm die Fischer die Mittelachse auf. Die Flossen waren halb von Sand vergraben, der Stachel lag Meter davon entfernt.

*

Indonesisches Fernsehen: Ein Propaganda-Film für Trasmigrasi nach Borneo ist unterlegt mit der Melodie »Süßer die Glocken nie klingen, als zu der Weihnachtszeit«. Dazu Bilder von Dschungel und Erdnußfeldern.
Ein schwachsinniges Lied, dann plötzlich Sie und Er auf einer staubigen Straße in Timur Timor (Ost-Timor), dahinter die indonesische Fahne sowie ein Hospital und eine Einblendung mit patriotischem Hinweis. Alles total unprofessionell, und wenn man der Dritten Welt etwas vorwerfen kann, dann ja wohl unprofessionelle Videoclips.
Die Spots haben etwas erschreckend Türkisches, dabei sind die Leute auf der Straße das genaue Gegenteil von Türken.

*

Der Elefant von
frißt + pinkelt zugleich

Der Ausrufer mit Mikro, neben dem aufgeschnittenen Plastikmenschen, vor Bildern der Anatomie, mit einem roten Zweig in der Hand. Worüber er rede, will ich von Pra wissen, dem Fahrer, der gar nicht über die Straße hatte gehen wollen und nun eindeutig von dem Mann wegstrebt. Was gegen die Schwierigkeiten der Männer, sagt er scheu und flieht fast über die Straße zum Nasi-Gudeg-Warung.

*

Auf den indonesischen Verkehrszeichen sind stets ungemein dicke Figuren zu sehen; seltsam in einem Lande, in welchem die Menschen so grazil sind.
Die Geschwindigkeitsbremser auf den Straßen heißen Polisi fidur – schlafender Polizist.

*

Er schaut aus dem Wagen neidisch einem alten, sehnigen, durchtrainierten Malaien zu, der mit einem Messer einen Baum bearbeitet, sich dann erhebt und einen wunderbar straffen Körper zeigt, der, als er sich abwendet, von hinten fast noch eindrucksvoller wirkt. Der Mann geht straff in ein Loch von Haus, der Weiße fährt, da die Ampel umspringt, seinem Luxus-Hotel entgegen. (Der arme Mann schläft ruhig ein, den reichen plagt das Zipperlein.)

*

Borobudur.
Pra: Man sagt, daß der Mann Glück habe, der den Buddha in der Stupa berührt.
Was berührt?
The vital parts.
Pra schafft es, steigt aber auf den Sockel der Stupa.

Have I got it?
Ich versuche es an einer unbeobachteten Stupa, ohne auf den Sockel zu treten, dabei fällt mir wegen der Schräglage der javanesische Hut runter. Gelächter von zwei Mädchen, die gerade um die Ecke kommen.

*

Der unerträgliche Lärm, den der Muezzin dank der Lautsprecher vollführen kann: Er veranstaltet ihn abends gegen 18 Uhr und um 4 Uhr nachts. Er weckt damit Tote und Lebende, da er Pausen einlegt – es ist unmöglich, bei diesem Lärm nicht wach zu werden; kaum hat sich das Ohr an den Krach gewöhnt, kaum droht der Geist und der Mensch wieder einzuschlafen, da sorgt die Pause dafür, daß er auffährt: Was ist los?!

*

Der Fahrer Pra ist Vater geworden. Der Sohn soll Hanifan heißen (arabisch Hanif – jemand, dem aufgetragen ist, ein gutes Leben zu führen).
Er habe doch gestern den Buddha berührt und dabei an die Geburt gedacht – und jetzt … Dann wehrt er weitere Spekulationen als guter Muselmann lachend ab.

*

Als wir auf dem Pasar in Solo eine Art Trommelschlegel betrachten, sagt Pra zuerst, das sei ein Teil eines Gongs; dann sage ich, das sei ein Werkzeug der Frauen, das sie immer dann benutzen, wenn die Männer zu spät nach Hause kommen; dann sagt Pra, und das ist nun wirklich hoch erstaunlich: That's a nightclub.

*

Da plötzlich wußte er, woran ihn der Geruch und die Stimmung die ganze Zeit erinnert hatten: An das Tropenhaus des heimischen botanischen Gartens.
Dann sah er, daß die Kokospalmen in Reihen angepflanzt waren. Diese Erkenntnis gab ihm einen kleinen Stich.

NICHT BALI, SONDERN LOMBOK

Eine Religion, die das Anschnallen verbietet, käme in ernsthafte Schwierigkeiten. (Fluggedanken – Gedankenflüge – eine Aphorismensammlung zu der Deutschen beliebtester Fortbewegungsart.)

*

Am Abend war die Sonne neben Bali untergegangen, wobei die dunklen Wolken über dem Zentralmassiv Lomboks einen roten Stich bekamen, wie überhaupt die ganze Landschaft, die danach von einer düsteren Pracht war: Grün mit Rotfilter vor Grau – eine ganz ungeheuerliche Kombination. Dazu die langen blauen Schatten auf dem weißen Strand. Und auf dem Meer die Unzahl kleiner Boote mit schräg angesetzten, dreieckigen Segeln, die dem Meer einen festlichen Regattencharakter verliehen.
Die Leute alle (?) sehr fröhlich, fast albern. Menschen stehen bis zur Brust im Meer und angeln.

*

Daß es immer noch Steigerungen gibt: Ich frühstücke auf einer Halbinsel, die im Halbkreis von einem Riff umgeben wird, so daß ein Kranz von weißer Brandung die Spitze der Halbinsel einfaßt, welcher wiederum seine Entsprechung findet im

Halbkreis des Horizonts, der fast regelmäßig mit weißen und bunten Segeln bestückt ist.

*

Einer von denen, die nicht nach Bali fahren, sondern nach Lombok. Nicht in die Toscana, sondern nach Umbrien / nicht nach Cannes, sondern nach St. Tropez – früher – / nicht nach St. Moritz, sondern nach Sils Maria / nicht nach Sylt, sondern nach Pellworm – stimmt nicht ganz – wie heißt denn diese andere Insel? Föhr? / nicht nach Florenz, sondern nach Siena / nicht nach Mallorca, sondern nach Ibiza etc. Dasselbe mit Stadtteilen: Nicht nach Schwabing ziehen, sondern nach Bogenhausen (Quatsch).

*

Die Konfliktscheu der Indonesier, von der Reiseführer berichten, scheint tatsächlich zu existieren. Nie sah ich im Fernsehen derart verbindliche Gruppen, sei es beim Quiz, sei es in der Familienserie. Beim Quiz schien es mir, als ob jede Aussage grundsätzlich beklatscht würde – ein mattes Klatschen, das automatisch immer dann einsetzte, wenn gerade jemand den Mund hielt.
In der Familienserie übernahm das Gelächter die Funktion des Klatschens: ebenso automatisch und unspezifisch begleitete und beendete es in großer Lautstärke jedwede Einlassung des Clans.

*

Die Begeisterung, mit welcher die Indonesier meine Zeichnungen aufnehmen, geht durch alle Altersgruppen. Lautes Beifallsgeheul und Gelächter, wenn ich eine Zeichnung anfertige oder zeige. All das hat große Ähnlichkeit mit dem Verhalten der Indonesier in anderen Gruppen- und Leistungszusammenhängen.

*

Die Praus, die malaiischen Boote, seien hier »more traditional than in Bali«, sagt der Hotelangestellte. Dort gebe es Praus für Touristen mit Reklameaufschriften. Doch auch hier in Lombok sind alle Segel aus Plastik, meist blau, mit weißen und roten Einsätzen, die den Eindruck überlegt angebrachten Schmuckes machen.

*

Teak-Holz, sagte der Fahrer und zeigte auf dürre, fast blattlose Stämme.
Ach ja? sagte der Tourist verzweifelt.

*

Der Wunsch des reiferen Touristen: um seines Geldes willen geliebt zu werden.

*

Der Tourist verhält sich zum Reisenden wie
der Reisende zum Wissenden?
der Einsender zum Absender?
Quack.

*

Das Doppelgefühl des Touristen: Ich bescheiße und ich werde beschissen. Gilt allerdings nur für den bereits etwas sensibilisierten Touristen.
Ich bescheiße: Alles so herrlich billig hier. Für ein großes Fischessen mit … haben wir nur … Klar, daß da Beschiß stattfindet: Arbeitskräfte kosten da ja fast nix!
Ein Rückkehrer auf dem Frankfurter Hauptbahnhof zu seiner Frau, die das Gepäck nicht bewegen konnte: »Wir sind jetzt in der Ersten Welt, jetzt müssen wir wieder alles selber machen!«

Wir bescheißen die Dritte Welt – klar.
Wir werden beschissen (ich werde beschissen) – nicht nur von der Dritten Welt, sondern von jeder, in der Tourismus möglich ist und stattfindet. Ich werde im Grundsätzlichen und im Detail beschissen. Grundsätzlich, weil es das, was mir versprochen wird, gar nicht gibt, jedenfalls nicht in einer Agentur: Unberührte Natur, unschuldige Menschen, ein widerspruchsfreies Leben – wo doch die Widersprüche gerade da aufbrechen, wo der Mensch zum Touristen wird: Woher komme ich eigentlich, wohin gehe ich noch mal, wer bin ich überhaupt? Beschiß en gros also und Beschiß en détail: Kaum verläßt er sein heimisches Gehege aus Arbeit und Reproduktion der Arbeitskraft – ein Gehege, in dem er sich auskennt und mit dem allfälligen Beschiß arrangiert hat, mit Werbung, Fernseh und Arbeitsplatz –, kaum also tritt er ins Freie, so ist er auch schon ein Wild auf freier Wildbahn, das die Wilden weltweit wie wild jagen und zur Strecke zu bringen versuchen: Der Bescheißer wird beschissen. Nachher sitzt er dann wieder in seinen vier Wänden und starrt verzweifelt auf die Schnitzerei, die er sich an diesem Strand da hatte andrehen lassen: Was um Himmels willen hatte die nun wieder für ihn bedeutet, und wieso war sie nun so bar jeglicher Aussage? Und war ihr Schweigen nicht ein Indikator dafür, daß es mit all den anderen Ferien-Hochgefühlen nicht allzuweit hergewesen sein konnte?

*

Wieder der Stich: Ich begegne Profis. Während ich in der blöden Granada-Hotel-Kutsche schaukle, haben die ein Motorrad gemietet, sie, unscheinbar, und er, mit Rasta-Locken, ein scharfer Typ.

*

Der Sonnenuntergang ganz anders als gestern, doch ebenso prächtig, ja, von anderer, doch vergleichbar düsterer Pracht, besonders dann, wenn die Sonne bereits untergegangen ist und links alles scharf gegen Gold steht, während rechts der Rotstich den unteren grünen Flächen eine Präzision und Entrücktheit verleiht, daß es nicht zu fassen ist.

*

Der Stolz des Touristen, der sich mit irgendwelchen Pfeifen von Guides herumschlägt: Eigentlich viel schicker und erzählenswerter, diese Pfeifenabenteuer, als all die Lonely-Wolf-Geschichten. Allein mit dem Motorrad durch Lombok zum Beispiel. Was wäre da zu vermitteln? Mit einer Pfeife von Guide dagegen: Das ist doch eine Geschichte! Sein immerwährendes »Of course«, seine unverständlichen Hinweise auf Nichtigkeiten, sein maultierhaft leidender Blick, der unversehens ins bübisch Strahlende umschlägt, wenn er wieder Morgensonne wittert. Welch eine Pfeife!

*

Arm, aber würdig: Wie unaufdringlich wohltuend doch eine Kultur ist, die notgedrungen für ihre Zwecke überall da naturgegebenes Material benutzt, wo bei entsprechender Technologie Kunststoff oder Maschendraht, jedenfalls maschinell Hergestelltes verwandt wird. Die Zäune aus gespaltenem Bambus. Die Bänke aus Bambus und geflochtenen Matten. Die Häuser aus dem gleichen Material. Die vollständig genutzte Kokospalme. Die Arenen und Kampfplätze, die durch Matten abgesperrt werden, zwei Vierecke in der Matte sind die Kasse. Die Traggeräte aus Rohr und Bast. Wo es geht, wird gebunden, nicht genagelt. Alles nicht für die Ewigkeit, schmucklos, doch nicht nur für den Tag.

Was auch schön ist: Daß all diese Gegenstände reine Nutzgegenstände sind, daß man keinen davon kaufen und mit nach Hause nehmen kann, ja, daß nicht einer von ihnen einen solchen Wunsch auch nur aufkommen läßt. Kein Dekor, das meint auch: Keine Touristen, die auf solches Dekor scharf sind, keine Einheimischen, die diesen Wunsch befriedigen, kein Dekor schließlich, das sich verselbständigt, um als Essenz einer Kultur der Handarbeit massenhaft hergestellt zu werden, wie es beim Kris geschehen ist und den Festspießen der Dajak.

*

Besuch in einer Weberei im Sassakdorf Sade, die das ganze Touriunternehmen nun endgültig auf das Niveau von Kaffeefahrten herunterbrachte und zur Kenntlichkeit entstellte: In der Weberei ist eine Frau zu besehen, die webt, während ihre Familie Webereien verkauft; der alte Herr kleidet sich in gewebte Tücher im alten Stil, steckt sich noch einen brandneuen Kris in den Gürtel und schreitet dann hinaus – wahrscheinlich um all die guten Stücke einzeln zu verscherbeln: Original Clothing an Kris – you see? Und er ist der Beweis. Das Dorf besteht zu hundert Prozent aus Häusern im alten Stil – lehmgemauertes Fundament, Bambus, Schilf, es gibt noch kein Licht, kein Wasser – was alles sich so erklärt, daß das Dorf vom Tourismus-Department unter Denkmalschutz gestellt worden ist und die Leute dazu angehalten sind, an ihrem Dorf (100 Häuser, ca. 500 Menschen) nichts zu modernisieren. Ich werde hindurchgeführt und schaue wie im Zoo in fremde Vorzimmer und auf ausgestellte Menschen. Wie im Zoo, nur daß die ausgestellten Menschen sich dadurch zur Wehr setzen, daß sie dem fremden Indiskreten irgendwas anzudrehen versuchen – immer wieder Gewebtes oder Sassak-Kultreminiszenzen. Ich lehne natürlich laufend und bedau-

ernd ab, schließlich habe ich meinen Eintritt bereits durch den Guide abgegolten, und werde trotzdem das Gefühl nicht los, ich hätte meine Schamlosigkeit auf irgendeine Weise büßen müssen, allerdings nicht durch Geld, das Mittel also, das mich in Stand setzt, in die Lebensräume und Wohnzimmer mir vollkommen fremder Menschen zu schauen.
Andererseits: Was haben diese Menschen von solch zerknirschten Aufzeichnungen wie diesen, eigentlich lediglich dazu bestimmt, eine ähnlich sensibel gestimmte Seele wie die meine bei der Lektüre sympathetisch aufseufzen zu lassen: »Der Arme ... genau wie bei mir damals in Samoa ... Wir Armen!«

*

Rambitan heißt das Sassak-Dorf, und provozierend grüngestrichene Masten für die Elektrizität führen direkt am Dorf vorüber, das jedoch, um seinen Museumsstatus zu wahren, nicht davon Gebrauch machen darf.

*

Paradiesvorstellungen am Beispiel Lombok:
1. Das Paradiesische ist feststellbar. West-Lombok hat viel, Mittel-Lombok wenig Wasser. Eine Reise vom Westen ins Zentrum führt das Paradiesische in Abstufungen vor, bis zum Ganz-und-gar-nicht-mehr-Paradiesischen. Viel Wasser bedeutet drei Reisernten im Jahr, wenig nur eine. Viel: Viel Grün, auch unter den Kokospalmen, wo deswegen auch Rinder grasen können. Wenig: Vertrocknende Palmblätter, vertrocknete Bananenstauden, Bäume, die ihre Blätter abwerfen, um die heiße Zeit zu überstehen, graue Reisfelder, deren Erde reißt, gelber, ganz lichter Bambus: Von weitem könnte man denken, durch eine europäische Vorfrühlingslandschaft zu fah-

ren, es ist jedoch eine, die auf die Regenzeit wartet. Keine Rinder mehr oder glänzende, graue Wasserbüffel. Keine Flüsse, in denen nackte Menschen plantschen, sondern ausgetrocknete Flußbetten. Kein Rauschen des Laubs und der Stauden im Wind, sondern ein Rascheln: ganz unparadiesisch. Auf einer Fahrt von West- nach Zentral-Lombok ließe sich zumindest der Ort festlegen, wo das Paradiesische aufhört.
2. Das Paradiesische ist eine Frage der Temperatur und Ventilation. Irgendwo zwischen 25 und 28 Grad angesiedelt; falls es heißer ist, sollte ein Wind gehen.
3. Zum Paradiesischen gehören Tiere. Für mich jedenfalls, da das Paradiesische mit Unschuld verbunden ist und Tiere per se unschuldig sind. Es dürfen natürlich keine eingesperrten Tiere sein, sie müssen frei weiden oder wild leben können. In West-Lombok gibt es zumindest keinen sichtbaren Stacheldraht, auch sind viele Rinder dabei, zwischen den Palmen hin und her zu weiden, ohne daß Beschränkungen sichtbar werden.
4. Zum Paradiesischen gehören ferner Überfluß und daher Mangel an unnötiger Vorsorge. Das ist alles derart kühn formuliert, daß ich weitere Eintragungen unter Protest ablehne.

*

Die beiden Feinde des Touristen: die Einheimischen und seinesgleichen, die erfahreneren und ganz erfahrenen Touristen. Die, die ihm erzählen, wo er hätte hinfahren müssen und welchen Preis er auf gar keinen Fall hätte bezahlen dürfen.

*

Nachtrag zum OdO: Natürlich ist das Senggigi Beach Hotel kein OdO, obwohl es ein traumhaftes Hotel auf einer traumhaften Landzunge ist.

Erstmal fehlt da der Ort, doch selbst dann, wenn dieses Hotel nicht so vereinsamt läge, sondern am Rande eines Ortes, könnte ein solcher Luxusplatz niemals ein OdO sein – was gibt es denn zu entdecken an einem Luxushotel, das möglicherweise weltweit Werbung macht.
Aber weiter: Auch wenn es heruntergekommen wäre, wie das Beach Hotel Sassaka, wäre es kein OdO – einfach deswegen, weil einer bereits für mich, den modernen Massentouristen, konzipierten Freizeitanlage jene Unschuld fehlt, die dem alten, aus Zeiten eines ganz anderen Tourismus in unsere Zeit hineinragenden Hotel eigen ist, etwa dem Hotel Victor Hugo in diesem kleinen Ort in Luxemburg: Jeder Teller noch mit Hotel-Monogramm! Und noch das alte Mobiliar etc.
Nein, der OdO bleibt der OdO – moderne Anlagen können versuchen, ihn zu kopieren und seine Wallungswerte pur darzustellen – das Personal in Original-Landestracht, die Bauweise der Pavillons, uraltes Handwerk – sie, die moderne Anlage, wird den Zauber des OdO nie erreichen.
Und doch wird man immer häufiger reifere Menschen und Paare finden, die, fast seufzend, eine solche Anlage (gesichtslos, aber funktionierend) einem OdO vorziehen, sogar einem jüngst entdeckten, ganz unglaublich intakten Fischerdorf. Was macht sie so seufzen, und was läßt sie diese Wahl treffen?
Das alte Lied: Weißt du – mit den Jahren braucht man doch ein bißchen mehr Komfort?

*

Die Vertreter, die die westliche Welt ins »Senggigi« schickt, und zwar unterschiedslos alle Nationen: Schweizer, Schweden, Franzosen, Deutsche, Engländer, sind durch die Bank von erschreckender Häßlichkeit. Schmale, braune Boys bedienen wahre Fleischberge, glänzende, stiernackige, rosige Wesen mit wenigem, wirrem Haar und überfetteten Bäuchen, die von rechts wegen gar keine Ausreiseerlaubnis in ihren Heimatländern erhalten dürften, die kann man doch unmöglich vorzeigen.

*

Müßte ich in den Tropen malen, ich würde mich auf die düsteren Aspekte konzentrieren bzw. auf die schönen Dunkelheiten. Palmen im Gegenlicht den Hügel ansteigend und das glitzernde Licht, schön verteilt, das ginge.

*

Nachdem die Sonne untergegangen war, verstreuten sich die Menschen, die am Strand gesessen hatten. Barbaren, dachte er, jetzt beginnt doch erst das Beste.

Denn jetzt erst begann die düstere Pracht des tropischen Sonnenuntergangs, jetzt erst wurden die breit gezogenen Wolken zur Linken eine flammend gelbe Pracht, jetzt erst entfaltete der Himmel diese total wahnsinnigen Übergänge von Rot zu Gelb zu Türkis zu Hellgrau zu gedämpft Violett zu Dunkelgrau zu Dunkelrosa schließlich, wenn man den Kopf wandte. Dazu der Agung, nun dunkel und sehr präzis aus dem Grauweißen ragend, dazu der nun tiefrosafarbene Strand, dazu die immer präziseren Silhouetten von Süd-Lomboks Küstengebirge, dazu ein Meer, das nun ebenfalls alle Farben aufbietet, von Schwarzblau mit magisch hellen Schaumkronen über gleißend hellen Reflex bis zu erneuter Dunkelheit, dazu der Effekt des Rotfilters auf der Landschaft im Rücken, schon bekannt und jedesmal wieder umwerfend, dazu ein messerscharf schwarzer Seevogel, der all die Pracht durchschneidet, dazu die ständige Veränderung, die langsame Konzentration von alldem, bis irgendwann keine Steigerung mehr möglich ist und die

Dunkelheit Platz greift – diese magischen zwanzig Minuten durchlebte er regelmäßig alleine am Strand.
Barbaren, dachte er triumphierend, was für Barbaren!

*

Die indonesische Erdnuß ist eine Katastrophe. Klein, hart und angepuhlt schädigt sie die Zähne und den Ruf des Landes: Haben die noch nie etwas von richtigen Erdnüssen gehört?

*

Tage im November in West-Lombok: Ein Licht und ein Gold, das an beste Sommertage in Mitteleuropa erinnert, und so was haben die nun alle Tage – wie sollen sie da noch Dome bauen. (Aber sie haben Borobudur gebaut.)

*

Immerhin spricht kein deutscher Gast im Senggigi Beach Hotel deutsch mit den Kellnern, etwas, was der schamlosere Franzose – in seiner Sprache – ohne weiteres tut.

*

Heute wurde ich Zeuge eines regelrechten Wunders: Ein Combi fuhr vor meinen Augen über eine kleine Katze, die unverletzt ihren Weg fortsetzte. Die Katze wurde zwar geschleudert und gebeutelt, als der Wagen über sie hinwegfuhr, doch als sie weitersprang, deutete nichts auf Schäden hin.

HÄNGENGEBLIEBEN IN BIMA

So enden die Abenteuer heute: Irgendein Flug geht nicht, und alles gerät durcheinander. Keine Warane, kein Labuan Bajo.

Keiner ist zuständig, jeder vermeidet Blickkontakt – Flug geht nicht – dann geht er eben nicht. Keiner hilft weiter.
Der Hickhack wegen des offiziösen Papiers – ab hier beginnt eine Gleichgültigkeit, von der wir Westler überhaupt keine Vorstellung haben. Endstation Bima. Der Mann, der plötzlich grinst, als ich ihn streng anschaue.
Tiefe Enttäuschung – seltsam tiefe Enttäuschung. Weniger darüber, daß der Flug nicht geht, sondern darüber, wie rasch ich das Handtuch geworfen habe: Ich hätte mich weiter durchschlagen müssen. Oder wäre das nicht einmal Wahnsinn, sondern ganz einfach Schwachsinn gewesen? Irgendwelche Touren statt des Paradieses, das in Lombok auf mich wartet? Tut es doch, oder wie?
Bedenken wir doch: Ich habe nur begrenzt Rupien und weiß nicht, ob ich in Labuan wechseln kann. Ich kann die Sprache nicht. Ich weiß nicht, ob von dort noch Telefongespräche möglich sind. Ich weiß nicht, ob dort noch irgendeine Möglichkeit besteht, nach Komodo zu kommen. Ob ich überhaupt hindarf. Ob ich wieder nach Bima komme etc. Nichts weiß ich. Scheiße. Und doch und doch.

*

Im Hotel in Bima gibt es zur Mittagszeit eine Folge irgendeiner amerikanischen Geisterjux-Serie, schwarzweiß, ohne jeden Untertitel.

*

Sultanspalast Bima, aus den 30ern. Der Sultan lebt noch, aber irgendwoanders. Der Türöffner verlangt 1000 Rp. pro Nase, bekommt aber nur 1000 für alle und zeigt etwas, das sehr einer Schule ähnelt. Zu sehen gibt es: Die Fahne – rot, gelb. Einige Vorderlader, einige handgeschnitzte Speere, auf Eisen getrimmt. Ein Kettenhemd, verrostet. Einige leere Zimmer, doch alle mit Waschbecken, darunter das Arbeitszimmer des Sultans. Das Schlafzimmer der Prinzessin: Ein Himmelbett in schlichtem, geschmiedetem Eisen, ein Nierentisch, eine Waschgelegenheit, ein zerrupfter Teppich. Das Schlafzimmer des Sultans: dito, bloß daß da ein Schlafzimmerschrank mit Spiegeln und ein Gebetsteppich zu sehen sind. Schaut man auf den verbrannten Platz, weiden da Ziegen. Die Stimmung vollkommener Vergeblichkeit, dabei ist der Palast irgendwann mal restauriert worden, wie Fotos belegen. Doch zu welchem Zweck? Als wir gehen, will der Führer nochmals Geld. Ich lehne ab, und er läßt uns grußlos ziehen.

*

Aber eigentlich ist ja alles schön, worauf Licht fällt, und wenn ich zum Fenster hinausschaue und auf das über drei Fenster gehende prächtige Wellblechdach, dessen Riffelung die tieferstehende Sonne herrlich gliedert, dann würde ich am liebsten gleich wieder zum Pinsel greifen.

*

Ein Gang entlang der Jala Sukarno ist ein Triumphzug des weißen Mannes: »Hello Mister« von allen Seiten, kaum weiß man, wem man seine Aufmerksamkeit schenken soll, den schönen Kindern, die durcheinanderschreien, den Burschen, die sich bemerkbar machen, oder manch schönem Kind, das etwas versteckter zwar, aber doch deutlich herüberwinkt.
Und doch, wenn man von Lombok kommt, sind das hier doch recht traurige Tropen. Eine unverfälschte Zurückgebliebenheit paart sich mit genuinem Desinteresse. Das hat geradezu ethnologisch interessante Sachverhalte zur Folge: Da wird noch irgendwas im Holzmörser zerstampft, da gehört

der geschnitzte, allerdings sehr reduzierte Webstuhl der Weberin eigentlich schon ins Museum, da sind die Häuser nun wirklich ganz und gar freiwillig im alten Stil gebaut, haben allerdings Licht. Doch es ist trocken. Die Wälder, jedenfalls die tiefergelegenen, sind laublos. Staub überall, verbrannte, aufgerissene Erde, die von Grashüpfern wimmelt. Ein karger, allerdings bereits später Markt (Spätnachmittag), gänzlich unexotisch und überhaupt nicht mit den Märkten in Cibodas auf Java zu vergleichen. Überhaupt hat das Ganze einen Stich ins Balkanisch-Albanische, wozu der Muslim-Einschlag sicher ebenso beiträgt wie die Armut.
Die Pferdewägelchen, die weidenden Ziegen überall, die Schafe – das ist die balkanische Fauna, und das schmucklose, unpathetisch Verrottete der Innenstädte erinnert ebenfalls an Balkanreisen der späten 50er, damals, als noch ab Skopje alles unsicher war, die Straßen, das Reisen, die Leute. (Oder waren es die frühen 50er?)

*

Eine indonesische Geschichte.
»Paß auf«, sagte Jakarta-Franz, »ich schick die Kleine also ins Badezimmer, leg mich schon mal ins Bett, und als sie zurückkommt, weißt du, was sie da anhat?«
»Nichts«, erwiderte Surabaya-Alfred und beugte sich angeregt vor.
»Ihren gongsang«, sagte Jakarta-Franz trocken und beobachtete die Reaktion des Freundes, die denn auch völlig zu seiner Zufriedenheit ausfiel, da dieser zurückfuhr und ungläubig die Augen aufriß.
»Ihren gongsang?«
Schon wollte er zu weiteren Fragen ansetzen, da fiel sein Blick auf Inge, der er eine Erklärung schuldig zu sein glaubte.

»Den gongsang trägt die Indonesierin gewöhnlich nur dann, wenn sie jalan jalan geht, und das wiederum tut sie eigentlich nur, wenn sie kandung ist.«

*

Die indonesische Pancasila verpflichtet die Bürger in einer ihrer fünf Thesen zum Glauben an Gott, gleich welchen. Daher bringt sie auch zur besten Sendezeit z. B. christliche Glaubensberatung. Verboten sind Atheismus, Liberalismus etc.

*

Die roten Zähne der Frauen – vom Betelkauen.
Die Frauen mit dem gelb angemalten Gesicht.
Die Kinder mit den weiß eingecremten Gesichtern.
Das kleine weiße Pferdchen, das Umar und mich ziehen mußte und dessen Besitzer uns wohl zeigen wollte, wie flink es sein kann, weshalb er unnötig auf das zarte Tier einschlug.

*

Durchs nächtliche Bima: Der Wind treibt dunkle Plastiktüten über die unzementierten, staubigen Straßen, sie sehen allesamt wie Ratten aus. Hin und wieder brennt auch etwas.

*

Komodo in Sicht: Ein Mijnheer läuft im Hotel ein. Umar stellt plötzlich einen Freund vor, der mit eigenem Boot für 250 000 hinfahren würde, allerdings käme noch Geld für Züge und Essen hinzu.

*

Quiz heißt kuis. Die Indonesier klatschen sich bei ihrem Quiz auch selber Beifall, wenn sie eine gute Antwort gegeben haben.

*

Wahrscheinlich nicht mal ein bilderfeindliches Volk – sie lieben TV und Film –, aber doch ein bilderloses. Nirgendwo, außer einer überraschenden Steinmalerei, Anstalten zu figürlichem oder dekorativem Gestalten. (Das Rückenstück des Webstuhls war allerdings beschnitzt.)
Zu jedem Haus gehören die gleichen, schmucklosen Gegenstände, der Mörser, das Wassergefäß in der Astgabel – alle Häuser sehen gleich aus, höchstens daß mal die Giebel oder die tragenden Stämme etwas verziert sind.
Das war in Lombok nicht anders, doch dort überraschten die selbstgemachten Gerätschaften und vor allem Verpackungen durch Pfiffigkeit und Nützlichkeit. Auf Sumbawa nun habe ich zum ersten Mal so etwas wie echte Eingeborene gesehen, viele allerdings recht europäisch gekleidet, vor allem die Jüngeren – der instinktiv vor sich hinschaffende war nicht unter ihnen. Auch auf den Friedhöfen beschränkt man sich aufs Minimum. Oft wird einfach ein halbrunder Stein in die Erde gerammt.
Unser Fahrer (Taxi Bima–Sape) ist 18 Jahre alt, er hat zwei Kinder von 4 und 2 Jahren. Er hatte bereits drei Frauen, doch zwei haben ihn verlassen. Er fährt seit dem 10. Lebensjahr Auto, hat auch schon große Lastwagen gefahren.

WARANE, WARANE, WARANE

Auf der Fähre: Als wir an Komodo vorbeifahren, sind die Delphine da, ca. 30 bis 40. Komodo ist bis jetzt eine verbrannte, staubtrockene Insel – cremige Erdtöne vor einem aufregenden

Himmel – auch er sehr Ton in Ton, blaugrauweiß – alles mehr Dalí als Gauguin, und ich frage mich, wo zum Teufel sie das Foto mit den Waranen auf dem Sandstrand vor den Palmen geschossen haben, das im Büro von Bidy Tours hängt.
Und: Wenig Vögel, hier und da mal vier, fünf Wesen, die wie Seetauben aussehen. Herzlich wenig. Die Menschen an Bord wiederum schlafen den lieben langen Tag.

*

Der Kapitän wird mir vorgestellt. Er sagt, 6 Uhr 30 sei eine gute Zeit, nach Komodo zu gehen, nachher seien die Strömungen und die Winde ungünstiger. Und ob 6 Uhr 30 eine gute Zeit ist, nach Komodo zu gehen! Immerhin kreuzte bei der Einfahrt in Labuan ein weißer Seeadler mit schwarzem Schwingenrand unseren Weg – ein gutes Zeichen?

*

So weit, so gut: Ich bin in Labuan Bajo.
Eigentlich tun es die Geckos ja auch, sie sind sogar noch spannender als große Echsen, mindestens zehn hängen über mir kopfüber von der Decke und sind unglaublich flink, wenn es darum geht, die Fliegen zu kriegen.
Nun aber wirklich in den Tropen. In einem Losmen ohne Air Condition, der außer von mir nur von indonesischen Perlentauchern belegt ist, lauten Gesellen, die dreckig lachen und von einem älteren, ebenso sinistren Boss geleitet werden. Wasser ist knapp. Einer der Angestellten ist der tuntigste Typ, den ich je gesehen habe. Indonesische Musik, die leider nichts Indonesisches hat, Grillen, Insekten, ich sitze auf einem Rohrstuhl und trinke Bier: In the heat of the night.

*

Die sterbenden Tiere und die Tatsache, daß auch für mich eine Ziege sterben wird, damit ich die Warane sehen kann.
Sterbender Fliegender Hund – die Matrosen der Fähre jagten ihn nachts mit Taschenlampen und Luftgewehr.

*

Tropen: Es ist nicht das Gefühl der Vergeblichkeit, das ich zu spüren glaube, sondern das einer großen Gleichgültigkeit. Wozu bitteschön einen Handschlag zuviel?

*

Eben erjagte der Tokeh einen großen Nachtfalter – eher eine große Taufliege, nun sitzt er im Dunkel und schmatzt noch mal. Tod und Verderben überall.

*

Nachtgeräusche: Erst die unablässig Schwätzenden draußen auf den Rohrstühlen. Dann Tschitscheh und Tokeh, der mehrfach und von einer Lautstärke, die erschreckt. Dann, 3 Uhr 30 ca., die Hunde, alle auf einmal und mit unbekannter Inbrunst. Um 4 herum, erstmals, die Hähne, glorreich. Kurz darauf die Katzen, sehr eigen, sehr laut. Dann natürlich wieder Hähne und Menschen, eine putzende Frau, die den Besen gegen die Tür rammt, mehrfach, als gelte es, mich zu wecken. Dann Motoren.
Schlag 5 Uhr 50 wird der Strom abgestellt, das bleibt so bis Einbruch der Dunkelheit.
Arsch der Welt, doch ich habe gut geschlafen.

*

Auf meiner Tasche, die ich in Jakarta kaufte, steht »Eminent«, auf meinem in Mentaran gekauften Hut »Confidence«.

*

Die Unsitte, alles mit Plastikbezügen zu belegen, Plastikstühle zu verwenden. Alles klebt.

*

Morgens bricht eine ganze Karawane nach Komodo auf, jedenfalls zum Boot. An Bord sind wir dann zu sechst, Elis, der Koch, der Kapitän, sein Sohn, ich und ein wunderschönes Huhn, an den Füßen gefesselt, bewegungslos. Als er ausgeladen wird, flattert er noch einmal mit den Flügeln, der Todeskandidat. Auch die Ziege steht bereits auf der Todesliste, 30 000 soll sie kosten. Lange an Komodos Küste entlang, eine sehr faltenreiche, waranige Küste, vereinzelte Palmen, am Ufer hin und wieder täuschendes frühlingsgrelles Grün.
Sehr helles Licht dann, dünne Schatten, wegen der zarten oder fehlenden Blätter. Zahme Hirsche. Viele Vögel. Ein nun total schwuler Parkangestellter, der mir das Zimmer zeigt, nicht gehen will, mich umarmt und betätschelt, mit noch heruntergelassener Hose aus dem Klo kommt, winkt, sich schelmisch in den Finger beißt. Und sowas schützt nun Warane.
(Doch offensichtlich sind die Geschlechtergrenzen hier ohnehin fließend bzw. werden die Körpergrenzen nicht nordisch respektiert.)
Und am Strand gibt es schöne Dinge zuhauf. Man weiß gar nicht, was mitnehmen. Am besten alles liegenlassen.

*

Der Sohn des Kapitäns: Gut, daß wir so früh ausfahren. Um 9 Uhr wird starker Wind aufkommen. Kein Wind um 9 Uhr.

Der 50jährige.

Ich bemerke das. Er erwidert ernst, dass der starke Wind um zehn Uhr aufkommen werde. Um 11 Uhr 30 erreichen wir Komodo bei ziemlicher Windstille; wenn da überhaupt Wind gewesen war, dann war er in der Zwischenzeit noch abgeflaut. Keine Fische die Fahrt über, zwei Seeadler. Die Strömungen und Wirbel sind gut erkennbar und beunruhigen auch das ungeübte Auge: Es ist nicht normal, wenn inmitten gekräuselter See plötzlich eine glatte Schneise hindurchgeht, die Seegras mit sich führt, oder wenn ein Gebiet ganz andere Wellen aufweist, bedrohlich gegipfelte, unruhige. Bedrohlich, auch wenn die Wellen nur klein sind und das Boot offenbar ohne Schwierigkeiten die Strömungen meistert: So hat Meer nicht auszusehen.

*

Der erste Waran, ca. 1 Meter ohne Schwanz, ein kleiner, der direkt durch die Pavillons des Nationalparks stromerte und sich dann müde zur Ruhe legte. (Als er sich trollte, sah man ihm jedoch an, welch ein ehrwürdig altes und vollkommen ungewöhnliches Tier er war.) Auf den Schwanz hatte die Behörde AWAS geschrieben: Be careful.

*

Warane, Warane. Laut Guide gibt es auf der Insel 1674. Auf Rinca ebenfalls ca. 1500, ein großer habe vor zwei Jahren ein sechsjähriges Kind in einem Dorf geraubt und getötet.
Sie schlüpfen acht Monate nach dem Gelege aus dem Ei und verbringen die ersten Jahre auf Bäumen, da die Warane Kannibalen sind. Sie können drei Meter lang und 50 Jahre alt werden. Sie sind nur tagsüber aktiv und schlafen nachts in Erdhöhlen. An der Schwanzspur im Staub kann man sehen, wie groß sie sind. Sie leben von wilden Schweinen oder Hirschen, einige haben sich an die Touristen und ihre Ziegen gewöhnt.

Als wir in die Warangegend kamen, stieg ein Waran, der uns gesehen hatte, den Hügel hinan.
»Er will da rüber«, sagte der Guide und begann in die Richtung zu klettern. Dort lag bereits ein weiterer Waran wartend am Zaun, der Erwartete kam dazu, der Guide drängte mich, über den halbhohen Zaun zu steigen. Im Touristengehege ein weiterer Waran, den der Guide mit seinem gegabelten Stock zurückstieß, worauf er sich trollte, jedoch ständig wiederkam. Die Bewegungen der Warane, ihr Gähnen und ihr Schnauben haben etwas unbedingt Schauerliches.
Warane können laut Guide schwimmen, er hat allerdings noch keinen im Meer gesehen.
Die irritierende Größe eines Komodo-Warans ist schwer zu vermitteln, da auf den Fotos und Zeichnungen gemeinhin die Vergleichsmöglichkeiten fehlen. Erst wenn man sie sieht, traut man seinen Augen nicht: Was für Apparate.

*

Tropennacht, undurchdringliche Dunkelheit, die durch die paar funzligen Glühbirnen noch dunkler und beherrschender wirkt. Die beiden schwulen Köche, der von Bajo und der von Komodo, werken hinter der bambusverkleideten Bar. Die halblauten Gespräche, die langsamen Bewegungen – alles sehr waranhaft.

*

Der Gang durch den Wald: Der Guide, der alle lateinischen Namen all dieser Vögel kann; die Trockenzeit, die alles sehr durchsichtig gemacht hat; die Kakaduschwärme, die Hirsche und die Wildschweine, die beide auf einmal davonstoben – wie es hin und wieder Momente gab, bei denen ich nicht wußte, wohin ich schauen sollte; das laute Geräusch der Tiere

im trockenen Wald. Die aufflammenden Vögel, vor allem aber ihre Rufe. Die Ankunft der Schweden, ein häßlicher Mann filmte einen sehr häßlichen dabei, wie er unter dem Eingangsschild des Nationalparks Aufstellung nahm. Andere häßliche Menschen und eine schöne Ziege gingen von Bord.
Die Warane dieser Gegend reagieren auf Touristen: Tourist gleich Fressen.

*

Die Schwedin reicht der Ziege letzte Blätter, während der Schwede den Hirsch krault, welcher wiederum sich selber kratzt.

*

Warane sollen doch älter werden können. Der alte, große sei 50 (fifty years old). Er liegt oben am Gatter und rutscht erst rückwärts, dann bäuchlings zur Futterstelle. Die Ziege wird an den Füßen gebunden, der Schwede eilt auf ein Foto. Der Opferstein, das Messer, schneidend, das Blut ... Der Schwede verzichtet auf ein Foto, ich schreibe, die Ziege ächzt und verblutet. Die Warane warten. Die Geräusche: Jetzt wird die Ziege zerlegt. Zehn Warane warten unter dem Ziegenbaum.

*

Der Kapitän, bei der Ausfahrt aus der Bucht von Komodo: Starker Wind.
Daß man davon nicht viel merke, versuche ich dazu zu sagen.
Hier nicht, aber hinter den Gebirgszügen ... Er deutet nach vorne.
Es wird eine völlig windstille Fahrt, ohne eine Wolke. Lediglich die Strömungen und Strudel zwischen Komodo, Padar und Rinca werden schaurig schön deutlich – richtige Wirbel

im Wasser – ölig glatte runde Flächen, um die herum das Wasser kreist.
Alles könnte so schön sein, müßten nicht diese indonesischen Perlentaucher ständig Radio hören, in dem dauernd diese indonesischen Schlager laufen.

*

Heute erfahre ich vom Merpati-Büroleiter, daß der Flug am vergangenen Sonntag deswegen nicht von Bima nach Labuan starten konnte, weil der Merpati District Manager das Flugzeug brauchte. Darius weiß dann hinzuzufügen, daß reiche Leute oft so eine Twin Otter charterten, die dann natürlich für den Passagierverkehr nicht mehr zur Verfügung stünde.
Großes Gelächter des Merpati-Büroleiters, als ich ernst darauf hinweise, daß solche Taktiken betrügerisch seien. Ein Ticket erst zu verkaufen und das Flugzeug zu verchartern. Na und so weiter – Leiden des Reisenden beim Reisen, die er sogleich vergißt, wenn er wieder den festen Boden der Gewöhnlichkeit unter den Füßen hat.

*

Die indonesischen Perlentaucher essen eigentlich wie die Warane, schlingend, ungemein beschäftigt. Allerdings versuchen sie nicht, einander die Nahrung streitig zu machen oder wegzunehmen.

HERR UND DIENER

Es muß schrecklich gewesen sein mit Dienern, auch Sklaven. Drei Tage hatte ich einen, und in dieser Zeit habe ich bereits

einen Teil der Hölle durchschritten, durch die der Herr gehen muß.
Der Diener beschäftigt und beeinträchtigt den Herrn. Er erzählt ihm des Morgens, daß er schlecht geschlafen hat: Me very sad, me dream of darling.
Er verärgert durch sein verstecktes Alleswissen. Daß heute morgen die Farben besonders schön seien, sagt der Herr. I see, sagt der Diener.
Daß da drüben einer der seltenen Vögel der Insel kreise, der weiße Seeadler, bemerkt der Herr. Of course, sagt der Diener, ohne hinzusehen.
Er merkt sich nichts und ißt die Bananen auf, die der Herr ausdrücklich für anderntags aufgehoben wissen wollte. Da sind keine Bananen mehr? fragt der Herr, nun aber ganz Herr.
No, sagt der Diener, und es liegt so viel Schmerz und Unverständnis in seinem Blick, daß sein Herr fast schaudernd abläßt.
Aber einmal noch, nein, zweimal kehrt er den Herrn heraus: Als der Diener so lange mit seinem Darling schwätzt, daß die Umstehenden bereits über den ungeduldig wartenden Herren lachen. Und als er sich vom Diener verabschiedet und ihm die vom Diener am Abend zuvor eindringlich suggerierten 5000 Rupias in die Hand drückt: Here. And improve your English. Of course, sagt der Diener und steckt das Geld ein.

DER WEG IST DAS ZIEL

... und wenn sich keiner mehr bewegt, ist das Ziel auch weg.

*

Eine nach Bima führende Straße wird beidseitig mit Zementtöpfen in Form von bemalten Baumstümpfen geschmückt, in die dann Kakteen gepflanzt werden.

*

Meine erste indonesische Ratte sah ich weder in den Abfällen von Bima noch auf den dunklen Straßen Jogjas, sondern im feinen Terrassen-Restaurant. Richtig: Vom Innern des Restaurants, wie sie über die äußere, glänzende, grün reflektierende Terrasse lief, direkt an der Tür vorüber, unter den fein gedeckten Tischen hindurch und sehr langsam.

*

Die fliegenden Hunde im Garten von Bagob: Sie hängen ganz oben in den kahlen Kronen großer Bäume und fächeln unaufhörlich mit ihren Flügeln. Wieso hängen sie nicht tiefer unten im Schatten? Manchmal fliegt einer einen Kreis, in den gegen die Sonne durchsichtigen Flügeln hängt der dunkle Körper.

DIE GAUKLER IN TAMAN RUNI

Drei Kinder, mehrere Ältere, eine Frau. Alle machen bei den Darbietungen und der sehr eintönigen Trommel- und Schellenmusik mit. Alle sind schwarz gekleidet und vollziehen ihre Übungen ohne jede Leichtigkeit oder – wenigstens gespielte – Freude.
Die Größeren bilden einen Kreis, auf welchen Kleinere voller Schwierigkeiten und unter ständigem Wackeln steigen, um dann einen schlechten Kopfstand und einen miesen Spagat zu produzieren.

Ein Kleiner gibt vor, in Trance zu sein, ein Größerer schlägt ihn derart, daß die Peitsche sich um sein Fußgelenk wickelt. Sodann schlägt auch der Kleine mit einer Peitsche in die Luft, ohne daß es ihm gelingt, sie knallen zu lassen.
Dann beginnt eine verzweifelt unschöne und sinnlose Nummer. Jemand steckt sein Bein durch eine Art Tonne aus Brettern, ohne Boden und Deckel, und versucht zugleich seinen Kopf hineinzubugsieren. Das geschieht sitzend, zwei andere Gaukler halten ihn dabei, es ist ein entsetzliches Gewürge. Sinn der Übung ist, erst den Oberkörper, dann den Rest durch das Korsett zu zwängen. Das geht nur unter vereintem Ziehen und Drücken der anderen und ist so bar jeden Zaubers, daß Wut aufkommt.
Nachdem er diese Nummer mit Ach und Krach (und ohne Musikbegleitung) beendet hat, greift er nach einer Kokosnuß, die er mit den Zähnen Stück für Stück zu zerreißen beginnt, offenbar in der Absicht, bis an den Kern zu kommen. Eine junge Kokosnuß, die zu zerreißen keine erkennbare Schwierigkeit bietet, wir gehen, bevor er fertig ist.
Zwischendurch sammelt die Frau Geld ein, mit einem Tablett, auf welchem Glühbirnen liegen. Laut A. werden die zum Abschluß der Vorstellung zerbissen, wobei der Mund immer wieder mit Wasser ausgespült wird.

OHNE KUNST, ABER TROTZDEM

Bei Licht besehen wächst hier ein 169-Millionen-Volk so gut wie ohne Kunst auf. Auch die Massenkunst erreicht es – in den besseren Beispielen von Film und Fernsehen – nicht. Von Malerei kann es nur träumen. Der Batikmalerei und Schnitzerei ist nicht zu trauen, alles nur für den Tourismus und die

Massenproduktion. Das Volk ohne Kunst aber vermehrt sich trotzdem und denkt nicht daran, etwas zu vermissen. Oder doch?

Bima: Immerhin haben sie die Pferdewägelchen nach dem Film »Ben Hur« benannt. Auch: Neben dem hellen, vollen Video-Laden – da läuft die Kassette eines Spektakels, das die Zuschauer selbst als »bodo« (blöd) klassifizieren – breitet sich auf der Straße, der Wand entlang ein Buchladen aus, von Petroleumlampen erhellt und voller billiger Broschüren. Es stinkt gerade an dieser Stelle – wieso eigentlich? – durchdringend nach Urin, doch da sitzen, hocken einige Männer im Halbdunkel und blättern und lesen.

»Kaffeefahrt zum Floating Market«

Thailand 1987

Bangkok Int. Airport 29.10. / 11^{05}

DER TOURIST ALS HELD

Freiwillig setzt er sich der äußersten emotionalen Unsicherheit aus – und ist dann noch zu physischen Leistungen imstande, bei deren Gedanken bereits er in der Heimat, gestützt vom Korsett der Gewohnheit und Sicherheit, zusammenbräche.

*

Bangkok: Die Stadt scheint in der Tat ein Bordell zu sein, zumindest sind alle, die für den Tourismus und den Touristen arbeiten, auch Kuppler; die Taxifahrer, die Damen, die dem Touristen am Flughafen weiterhelfen, die Sightseeing-Tours begleiten und kommentieren. Ich wolle doch nicht etwa alleine nach Chiang Mai, ich bräuchte eine Begleiterin, she will make you happy.
Aber Chiang Mai habe doch die schönsten Frauen.
Jedoch keine Begleiterinnen. Die kämen von Chiang Mai nach Bangkok, um hier zu arbeiten.

*

Eine Gruppenbegleiterin sieht am Floating Market einen ihr unbekannten, älteren Weißen.
Looking for your group?
No. For friends.
Thai friends?
Yes. I met very nice Thai friends.
Girl friends.
No, real friends … etc.
Das alles hat natürlich sehr gemischte Gefühle zur Folge.

*

Es ist der dumpfe Überlebenswille, welcher den Touristen zu immer wahnsinnigeren Taten und Touren antreibt, ihn immer früher zu immer windigeren Veranstaltungen aufbrechen läßt. Er weiß: Bliebe er auch nur für einen Moment stehen, er fiele gleich dem Kreisel um. Dann schon lieber die Peitsche einer neuen Tour, den schrecklichen Knall, mit dem der Reiseleiter einen Programmpunkt nach dem anderen ihm um die Ohren schlägt: Da ist das Dorf der Medo. Wir haben eine halbe Stunde Aufenthalt. Im Dorfgemeinschaftshaus können Souvenirs erworben werden … etc.

*

Der Sextourist: Er kommt nicht, um Kathedralen, sondern um Frauen zu besteigen.

GEDANKEN EINES TOURISTEN, DER ANDEREN TOURISTEN BEIM FOTOGRAFIEREN ZUSIEHT

Das Reflexhafte des Vorgangs. Zusammen mit etwa 18 Touristen im Sightseeing-Boot zum Floating Market, kann der Zuschauende bereits nach kurzer Zeit voraussagen, wann die Kameras gezückt und gedrückt werden: immer dann, wenn ein deutlich exotischer Reiz aufscheint, wobei exotisch alles ist, was deutlich anders ausschaut als zu Hause bzw. glänzend schimmert. Der Zuschauer sieht das voller Verachtung: Wie kann man nur derart abgefuckte Motive fotografieren! Breit gelagerte Hausboote, aus dem Wasser ragende Palmen, die Alte im Einbaum, der frisch gestrichene Tempel – alles tausendmal reproduziert und nun, im scheinbar spontanen Entschluß: »Das fotografiere ich!« bereits zur Matrize degeneriert, die, den Fotografierenden eingespeist, sie so bewußtlos wie errechenbar handeln läßt.

Während er ganz andere Motive fotografieren würde! Das alte Hausboot, ja, doch mit dem Madonna-Poster an der Schiffswand. Den buddhistischen Tempel, nein, doch eine Serie der unterschiedlich vergammelten Garten- oder Hausaltäre, vor allem der ganz schiechen. Die Alten mit den typischen Hüten in diesen Einbäumen voller Früchte – bestimmt nicht. Dafür den beleibten Touristen, der lächelnd zusieht, wie seiner wuchtigen Gattin von zarter Thai-Hand ein Blumengebinde umgehängt wird …

… und schaudernd, bei Gott! schaudernd erkennt der Verächter das Verächtliche seiner Bildeinfälle. Woher rührt denn ihre Exquisitheit, ihr Anderssein? Von der Norm, die er nicht durchbricht, sondern lediglich umspielt. Was liegt denn all diesen Bildeinfällen zugrunde? Das Muster des Genres – der rührende Kontrast bzw. das anregende, so sehr bezeichnende, meist aber ganz übersehene Detail. Was seine Bilder wahrer erscheinen ließe als die seiner Bootsgenossen, wäre lediglich die auf den neuesten Stand gebrachte Lüge, die nämlich, ein solches Foto könne eine andere Wahrheit als die der wahrheitsgemäß eingestandenen Inszenierung der Wirklichkeit offenbaren – und das immerhin für die bewußtlos Knipsenden, wenn auch unbewußt.

Während er, hätte er einen Fotoapparat, Gefahr liefe, seinen aparten Blick als absichtslos zu verkaufen und seine durch und durch bewußt hergestellten Bilder als zufällige Emanationen einer in den Dingen verborgenen Essenz, die er, der Fotograf, geradezu medial im Vorbeifahren aufgenommen und aufbewahrt habe: Hier. So sieht das da aus.

So siehst du aus! kann man darauf nur antworten.

*

Es gibt Tätigkeiten und Situationen, die nicht zu retten sind, beispielsweise Fotografieren oder Talkshows. Es geht nicht um bessere oder schlechtere Ferienfotos, die Konsequenz kann nur sein: keine Fotos.

DER TOURIST ALS GEFANGENER

In dem Moment, in welchem er sich auf eine Exkursion, eine Rundreise oder ein Arrangement eingelassen hat, ist er die Ratte in einem Labyrinth, dessen Ausgang nur der Veranstalter kennt, weshalb er auch über die Verweildauer im Labyrinth bestimmt.

Eine Bootsfahrt zum Floating Market wird unversehens zu einer Kaffeefahrt mit Werbeveranstaltung. Zwar gibt es den Floating Market wirklich und wahrhaftig gar nicht mehr – zehn Boote mit Früchten sind schwerlich als Markt zu bezeichnen –, dafür aber gibt es einen Nippes-Bazar von Riesenausmaßen, vor welchem das Boot anlegt, worauf dem Touristen nur jene Wahl bleibt, die ihm der Guide bereits nahegelegt hat: Aussteigen und in den Bazar gehen. Er kann nämlich nicht ausweichen. Die Holzstege links und rechts enden teils am Kanal, teils vor einem verschlossenen Gatter, welches nur die freien Eingeborenen zu öffnen in der Lage sind. Eine halbe Stunde Aufenthalt ist Pflicht und angesagt – eine halbe Stunde Lebenszeit unwiderruflich verloren und vertan. Damit nicht genug: Zweiter Stop ist ein kleiner Zoo plus Schlangenfarm, Aufenthaltsdauer 45 Minuten – so steht der Tourist unversehens vor Tieren, die ein für sie ebenso undurchschaubares Schicksal gleichfalls hinter Gitter gebracht hat.

BUDDHA: REINFÄLLE UND TRICKS

Als Architektur sind die thailändischen buddhistischen Tempel wohl nicht ganz ernst zu nehmen, wie ja die Thai-Kunst überhaupt einen Stich ins Kindliche, auch Kindische hat. Die abendländische Kunst hat sicher viel mehr Kitsch produziert und zur Folge gehabt als die asiatische, doch sie hat auch mehr riskiert. Bei der Thai-Kunst kann man kaum von Kitsch reden, doch wohnt all dem vergoldeten und verspiegelten Schnitz- und Mauerwerk eine große Nichtsnutzigkeit inne, etwas tendenziell Albernes. So hängen im Tempel alte Fotos, stehen da kopflose Buddhas und zerbrochene Drachen, schließlich sogar ein Motorrad. Ebenso diese ganze synkretistische Bild- und Götterwelt, die dem ganzen Unternehmen ohnehin etwas Haltloses gibt, all diese Drachen und mehrköpfigen Gestalten, die Pferde, Kühe, Fabelwesen. Und alles auch noch so klein! Und so bunt bemalt!

Allerdings habe ich auch eine Monumentalplastik gesehen, den liegenden Buddha in Bangkok, doch der war der größte Reinfall. Nicht nur, daß die Thai diesen 40 Meter langen und bis zu 15 Meter hohen Buddha in ein Gehäuse gesteckt haben, das kaum breiter und höher ist als der Liegende, er also gar nicht wahrgenommen, lediglich umschritten werden kann – er war auch noch, jedenfalls zum Zeitpunkt meines Besuches, bar seiner vielgerühmten Vergoldung. Nach irgendwelchen 250 Jahren nämlich mußte das gemauerte Kunstwerk bereits totalrenoviert werden, ein Gerüst umgab ihn, von dem man ohnehin nicht viel gesehen hätte, und Plakate forderten zu Spenden für die Vergoldung auf. Ich gab nichts, hatte dafür um so mehr Freude an anderer Vergoldung, eine Freude, die dadurch gesteigert wurde, daß ich sie bisher in keinem Thailand-Fotoband vorweggenommen oder geteilt gefunden hatte: Im Wandelgang um den ruhenden Buddha standen und saßen an der Wand andere, viel kleinere, welche die Gläubigen / Hoffenden mit Goldfolie, Blattgold beklebt hatten, Schicht über Schicht, in kleinen Einheiten, so daß der gesamte Buddha nun etwas immateriell Geschupptes hatte, auch etwas von Auflösung, da seine Gestalt, vor allem aber seine Gesichtszüge, unter den lose aufgeklebten, sich im Winde bewegenden Goldblättchen ganz verschwunden, fast nur noch ahnbar waren. Wie eine goldene Hautkrankheit, dacht ich beim Anblick des Geglitzers, und doch eindringlicher und ergreifender als der nichtbeklebte Buddha nebenan. Wenn ich Bildhauer wäre …

Glücklicherweise bin ich keiner, denn der Goldbeklebungstrick könnte durchaus Furore machen bei einem Publikum und einer Kritik, die auch die Übermalungen Arnulf Rainers und die Aufdemkopfbilder von Baselitz geschluckt hat. Besser als deren kurzatmige Ansätze ist der Goldfolienbeklebungseinfall immer, und Klassen besser als der Nageltrick von Uecker sowieso.

*

In einer Tempelanlage gegenüber dem Hauptbahnhof: ca. 30 Buddhas und andere Erleuchtete, fast alle mit Goldplättchen beklebt, jedoch unterschiedlich dicht. Der alte Mann verschwindet fast darunter, jeder Umriß der Binnenplastik ist aufgelöst, bei anderen Buddhas sind lediglich Gesicht, Oberkörper und Hände beklebt. Kein Goldplättchen auf dem großen Zentralbuddha.

Drei junge Männer malen an einem imponierend großen Wandgemälde mit bewundernswerter Geduld. Eine offenbar bis ins letzte festgelegte Darstellung von Meer, Erde, Himmel und Welt der Erleuchteten. Auf einen hellblauen Grund – je-

denfalls ist er das bei einer Architektur im unteren Drittel – werden die Farben gesetzt – alles prima, alles sehr präzise und ornamental.
Farben und Gesinnung haben etwas von Fra Angelico, besonders in einer von Hellrot zu Hellblau wechselnden Girlande, die in hellen Fransen ausläuft. Auch das Trockene, Präzise der Tempera und das Nebeneinander von Ornament und gegenständlicher Darstellung (Natur, Architektur) erinnert an Florentiner, doch bleibt alles Gegenständliche völlig formelhaft: Das ist so, das muß so.
Trotzdem ist die Sache beeindruckend, auch die gelassene Art, wie die Männer an ihr arbeiten.
Unsere neuen Kirchen können von solch einem raffinierten Dekor nur träumen – das haben sie nun davon, daß sie seinerzeit – in Zeiten Fra Angelicos – nicht durchgegriffen haben, als die Figuren plastisch und der Raum perspektivisch wurden. Jetzt ist es zu spät.

DER TOURIST ALS VERKEHRSTEILNEHMER

Der Tourist, der sich auf dem Fahrrad durch die Rush-hour von Chiang Mai müht, fühlt sich trotz stets präsenter und ständig wachsender Gefährdung wohl. Er ist zwar nur ein Bauer in diesem kranken Verkehrsspiel, aber immerhin etwas anderes als der schlichte Tourist, er ist Verkehrsteilnehmer.
Als Fußgänger war ihm sein Anderssein besonders anders vorgekommen: Kein Mensch schaut normalerweise beim Gehen um sich, vollkommen abwegig ist der Blick nach oben, auf höhere Gebäudeteile etc. – wer geht, hat ein Ziel, das er mit dem kleinstmöglichen Reibungsverlust und der größtmöglichen Effizienz anzustreben sucht. Nicht so der Tourist. Dauernd

bleibt er stehen, stets fällt ihm etwas ein oder auf, und wenn es lediglich der Gedanke daran ist, daß er noch Sonnenöl kaufen muß, ein Blitz, welcher ihn beim Anblick eines bronzebraunen Buddha durchfährt.

Dauernd bedenkt er irgendwas, selten hat es wirklich und wahrhaftig mit ihm zu tun. Diese ganze Kultur – was geht sie ihn eigentlich an, mal ehrlich? Und doch könnte er den Moment nicht ertragen – nicht einmal den Gedanken daran –, in welchem ihm einer sagt: Du warst in Bangkok und hast den Smaragd-Buddha nicht gesehen?

Smaragd-Buddha?

Nun hör sich doch das einer an, der fragt noch! Fährt nach Bangkok und ... etc.

Nun muß er alle Buddhas in Bangkok machen – einfach um sich keinen fehlenden / übersehenen vorwerfen lassen zu müssen.

Doch auch dann, wenn er gar nichts Spezielles wahrnimmt, hat sein Blick etwas ungut Lauerndes und Schweifendes – schließlich hat man ihn ja gelehrt, die selbst gemachten Entdeckungen seien die wichtigsten und wertvollsten –, aber wo mit dem Entdecken anfangen? Erstmal ist ja alles fremd, also jeder Blick der des genuinen Entdeckers, zugleich aber weiß der Entdeckende, daß ihm die Zuhausegebliebenen etwas husten werden, wenn er sie mit Beobachtungen wie »Der Verkehr in Bangkok – unglaublich« zu langweilen wagt, oder mit: »Und mittendrin stehen dann immer diese Tempel«. Etwas spezifischer sollte es schon sein, aber was, wo doch das spezifisch Bangkoksche sich manifestiert in – und reduziert auf – Wahnsinnsverkehr und Mittendrintempel?

All das hat der Tourist als radelnder Verkehrsteilnehmer derart weit hinter sich gelassen, daß es ihm schon gar nicht mehr wahr erscheint. Nun ist er nicht mehr gehalten, wahrzunehmen, sondern, wie in der Heimat, zu funktionieren. Daß ihm das unter verschärften Bedingungen – Linksverkehr – abverlangt wird, macht ihn nur noch glücklicher, da er so noch totaler allen Geist und Verstand aufs schlichte Überleben verwenden muß. Wunderbar! denkt der Tourist und nimmt sich vor, das nächste Mal im Urlaub Surfen oder Reiten zu erlernen, irgendwelche Tätigkeiten also, bei denen er all seinen Er- und Empfindungsreichtum – und das ist essentiell! – auf die schlichte Tatsache zu verwenden gezwungen ist, daß er von irgendwas – was, ist egal – nicht runterfällt.

DER SENSIBLE TOURIST

Die Traurigkeit des empfindsamen Reisenden, der Gegenden besucht, welche sich den Einebnungskräften der neuzeitlichen Technologien und der Kraft des Kapitals fast wehrlos ergeben haben, rührt nicht so sehr aus dieser Tatsache, die er auch aus seiner Heimat kennt und mittlerweile als gottgegeben hinnimmt, sondern aus jenen Überbleibseln einer wie immer rückständigen, aber doch authentischen Kultur, die nun aufgerufen sind, dem Reisenden zu beweisen, daß er sich nicht irgendwo, sondern in – zum Beispiel – Finnland befindet, wovon die Lappenmützen und die Finnendolche namens Puukko künden, sowie der Rentierfellbesatz auf ihnen.
Diese Reduktion einer einmal ein ganzes Leben durchdringenden, das Leben bis ins Letzte erst ermöglichenden, einfachen Technologie und bildkräftigen Kultur – der denn auch ein so nützlicher wie unverwechselbarer Gegenstand wie der Puukko gelang – auf den Puukko selber läßt den Reisenden besonders dann – und dann besonders! – trauern, wenn er um seine eigene Verführbarkeit durch derlei Reduktionen weiß sowie

um die Tatsache, daß anders die Welt gar nicht in den Griff zu kriegen wäre: Spanier gleich Gitarre etc.

Nur daß die Reduktion des Spaniers auf die Gitarre und des Italieners auf die Chianti-Flasche angesichts der ebenso vielschichtigen wie immer noch jedem sichtbaren, noch aktiven Kulturmasse dieser Länder derart absurd ist, daß sie vollständig wider den zeugt, der solche Kürzel für bare Münze nimmt. Anders in geschichtsarmen, überhaupt armen oder rückständigen Gebieten, bzw. solchen, die sich so empfinden! Städte der Dritten Welt wie Bangkok oder Jakarta haben ebensowenig eine Altstadt wie manche Orte der Ersten, wie Kuopio in Finnland oder Fort Lauderdale in den USA. Und in allen Fällen handelt es sich bei dem, was die Touristenindustrie als Gemütswerte zu verkaufen sucht, auch bei Licht besehen gar nicht mehr um Reduktionen – da ja die einstmals zu liefernde Kultur eh tot ist, sondern um Relikte, schlimmer noch: um Realien, Realitäten. Bangkok <u>ist</u> der goldene Buddha, Jakarta <u>ist</u> der fabrikgefertigte Kris, Kuopio <u>ist</u> der Puukko, und Fort Lauderdale <u>ist</u> gar nichts, lediglich ein T-Shirt mit schweinischem Aufdruck.

Traurig, aber wahr, doch wenn die Industrie die Herstellung dieser Gegenstände und ihren Verkauf an den dafür vorgesehenen Orten unterließe, wüßte man manchmal gar nicht mehr, wo man ist, und manchmal ist ja auch das schon reichlich unsicher. So wurden im indonesischen Jogja Eulen angeboten, die ich bisher für mexikanisch gehalten hatte, wahrscheinlich deswegen, weil sie in der Frankfurter »Mexiko-Boutique« angeboten worden waren. Nun enpuppten sie sich als zwar nicht javanesisch, aber doch indonesisch. Aber weiß man's? Möglicherweise stammen diese ebenso verbreiteten wie unsinnigen bemalten Vögel ganz woanders her, und eine zynische Distribution hat sie ganz einfach dadurch zum Teil einer lokalen

Kultur gemacht, daß sie sie dort zum Verkauf anbietet, neben dem Plastik-Korb, der Wayang-Figur und dem gewebten Lappen.

*

Durch Zufall – und ohne zu zahlen! – gerät der sensible Tourist in eine Hilltribe-Vorführung, die im Rahmen des Diamond-Hotels unter freiem Himmel stattfindet. Vor amphitheaterhaft gestaffelten Touristen auf der einen und Nachahmungen von Hilltribe-Häusern auf der anderen Seite. Alles wahrscheinlich sehr authentisch, zu authentisch, um wirklich zu funktionieren. Einige Burschenakte am Anfang, doch weniger eindrucksvoll als der Schuhplattler oder das Fahnenschwingen unserer Älpler. Wie die ja überhaupt die männlichen Hilltribe-Angehörigen in puncto Pracht und Folklore jederzeit an die Wand spielen würden – mehr als dezente, schwarze Kleidung und fast unhörbar zirpende Saiteninstrumente oder Flöten haben die nicht aufzubieten, und auch wenn sie sich mit Frauen zusammentun, ist der Eindruck eher dünn – keines der beiden Geschlechter verwendet auf Tanzschritte und -figuren erkennbare Kunstfertigkeit oder Sportlichkeit.

Die Frauen der verschiedenen Stämme bezaubern zwar durch Trachten, die allesamt irgendeiner synkretistischen »Fiorenza«- oder Shakespeare-Aufführung zu entstammen scheinen, sie sind wirklich schön, alles Spekulative und oberflächlich Effektvolle geht ihnen ab – das sind wirklich erprobte und ererbte Inszenierungen, die da zur zweiten Natur geworden sind –, doch die Show wird immer kläglicher, als die Frauen ganz auf sich gestellt sind.

Sechs Frauen, alte und junge, tanzen einen Reigentanz, in dem sie fast unhörbar dazu singen. Sie vertun sich in einfachen Schritten und müssen selber über ihre Vorführung lachen. Ein

Lachen, das ansteckt, einige der Touristen brechen fast zusammen. Zu Recht, da der Vorgang von einer fast metaphysischen Heiterkeit durchtränkt ist: Die Hilltribe-Leute wissen offenbar, wie wenig sie anzubieten haben, sie lachen womöglich nicht mehr über ihr Unvermögen, sondern über die unmögliche Situation, in welche die Zeitläufte sie und ihren weißen Zuschauer gebracht haben: Letzterer ist weit gereist, nun will er was sehen, erstere kommen nur schwer an schnelles Geld, also zeigen sie was. (Und lassen dafür die Finger von Mohnanbau und Opiumherstellung? Welch interessante Stämme!)
Zum Schluß singen sechs Frauen von sechs Stämmen jeweils eine kurze, wahrscheinlich stammestypische Melodie, sie klingen allesamt etwas mißtönend, auf keinen Fall kontrollierbar richtig bzw. falsch. Nun hätten sie – wie bereits zuvor bei den Tänzern – auch noch den größten Unsinn anbieten können – niemand hätte sie zur Rechenschaft ziehen können. (Und wahrscheinlich wird die Hilltribe-Show auch diesen Weg gehen. Irgendwann wird ein Manager sagen: Die Show zieht nicht mehr, die Leute schlafen ein oder bleiben weg, wir müssen die Geschichte etwas aufpeppen – vielleicht in Richtung Säbeltanz? Mit Stereo-Background-Musik? Etc.)
Ganz zum Schluß dann wieder etwas, worauf sich die Stammesangehörigen verstanden: Den herausströmenden Touristen wurden Hilltribe-Puppen und Mini-Opiumpfeifen entgegengehalten. So läßt sich dem erfüllten Moment Dauer verleihen: Indem man was kauft.

*

Der empfindsame Tourist kämpft mit dem Schlaf, um den guten Guide, der hinter ihm im Auto sitzt, nicht zu kränken – der könnte ja vermuten, daß der Tourist die von ihm verantwortete Route bzw. Landschaft nicht schätzt – mühsam hält er die Augen auf, da – bei einer gelegentlichen Frage entdeckt er hinter sich blickend, daß der gute Guide auf der hinteren Sitzbank liegt und schläft.

*

Der kundige Tourist wird im Ausland gar nicht erst versuchen, sich antizyklisch zum Touristenstrom zu verhalten, er wird lediglich den Zyklus, dem er sich anpaßt, selbst zu bestimmen suchen. Er muß sich ja nicht gerade in den deutschen Traveller-Treff oder den Nightmarket setzen, wo er ebenfalls von seinesgleichen umgeben wäre. Er geht ganz einfach ins White Orchid Restaurant des Diamond-Hotels, wo er von Japanern umgeben ist, die alle chinesisch essen, was in Thailand ja nun schon fast so etwas wie »einheimisch« ist, jedenfalls exotisch genug, den sensiblen Touristen nicht an sämtliche einheimischen Kulissen zu erinnern – ein Gefühl, das der Alternativtraveller stets in ihm wachruft, eine Empfindung, die der Schmerzgrenze sich nähert, wenn er einem von diesen idealtypischen Paaren begegnet, diesen gebräunten Blonden, die in ihren Schlabbersachen immer so seltsam starr gehen, sehen, stehen und sitzen. Ganz wie er selber?

1. Nachtrag: Hier ißt der Japaner – das Essen ist dann aber auch danach – selten ist mir die Fähigkeit des Chinesen, alles anders aussehen und gleich schmecken zu lassen, in einem derart sinistren Licht erschienen.

2. Nachtrag: Um 21 Uhr dann fällt die gesamte gesettelte deutsche Touristenszene hier ein – offenbar eine Busladung NUR-Touristen, die an einem Hilltribe-Essen teilgenommen hat und nun, Thaizigarren rauchend, einen Nightcap am Fluß einwirft. Tja, zu früh gebrüllt, Löwe!

*

Die Katze von Chiang Mai
ca 10 Minuten unverrückt in der gleichen Haltung, während die Hunde ununterbrochen jaulten + bellten.)

Der sensible Tourist bereist die Tropen ziemlich dickfellig: Geht's ihn eigentlich was an, ob da eine Insel – Bali – oder ein Strand – Pelabuhan Ratu – oder eine ganze Kultur kaputtgemacht wird? Eigentlich nicht, bzw. nicht eigentlich. Die ganze Trauerarbeit hat er bereits früher geleistet, beim Anblick des Niedergangs von Orten, die er selber noch aufgetan hatte – Griechenland 1958! Tolon! –, zu deren Untergang er selber noch hatte beitragen können. Der Niedergang, den er nun konstatiert oder ahnt, läßt ihn herzlich kalt. Natürlich bedauert er den Hotelneubau, aber mein Gott! überall geht alles den Bach runter. Asien! Was ist ihm Asien! Aber daß die Schweine ihm sein Tolon kaputtgemacht haben, seinerzeit, nachdem er es doch entdeckt hatte, und keine zehn Jahre später bereits die reizlose Kusine sich von einem Reisebüro dorthin schicken lassen konnte und durfte – diese Wunde schmerzt bis auf den heutigen Tag.

*

Der sensible Tourist wird unversehens unsensibel, als er sich verarscht sieht. Ein fliegender Händler hat die Stirn, seine eindeutig abgelehnten zweideutigen Angebote durch Frechheit zu krönen, indem er das so bestimmte »I don't want it, I don't want it« des Touristen durch ein weinerliches »Eidonwanit, eidonwanit« parodiert. »I don't want your rubbish«, ruft da der Tourist mit großer Bestimmtheit und fügt nun gar nicht mehr höflich noch ein »Stop it!« und sogar ein »Damn it!« hinzu. Das sitzt! Die Albernheit im Gesicht des Zurechtgewiesenen gefriert, und kräftiger und straffer schreitet der Zurechtgewiesene aus: Endlich hat er wieder mal einen Moment der wahren Empfindung durchlebt.

*

Der sensible Tourist, der eine wunderschöne Blüte am Straßenrand findet, auf der Erde liegend, eine ganz und gar unbekannte und durch und durch exotische, ist fast erleichtert, als er, sie aufhebend, etwas Kaltes, Metallisches am Stempel fühlt und erkennt, daß da eine Sicherheitsnadel mit Tesafilm befestigt wurde. Auch in den Tropen hält sich die Exotik und Schönheit in Grenzen, denkt er, und: Warum sollen die es hier auch besser haben als unsereiner?

*

Mit Freuden sieht der sensible Tourist ein Wartehäuschen am Wegesrand: Vier dickere Bambusrohre tragen das Dach, auf dünnerem Bambusgerüst liegen einander überlappende, mit den Stengeln sinnreich innen befestigte Teakblätter. Auf tiefer angebrachten Bambusquer- und -längshölzern eine Schicht von Bambusbrettchen, die frei aufliegt. Überhaupt ist an der ganzen Konstruktion nichts genagelt und nur selten etwas gebunden, die Hütte hält vor allem, weil da überlegt verkeilt und ineinandergesteckt wurde.
Dem Touristen fällt ein, daß sein ehemaliger Werklehrer an der Hütte seine helle Freude gehabt hätte, und das mindert seine eigene Freude unvermittelt. Aber nicht lange. Der Werklehrer, der sie seinerzeit mit Inbrunst dazu angehalten hatte, moderne Technologien zu verachten und so zu tun, als hätte ein Atomkrieg die Werkschüler dazu gezwungen, sich auf einfachste Fertigungsweisen zurückzubesinnen, dieser fanatische Mann sprach und handelte als Ideologe des einfachen Lebens, das er selber natürlich in keiner Weise führte, Straßenbahnbenutzer, der er war, und pensionsberechtigter Hochschullehrer, der er zu werden hoffte.
Doch dann diese Freude über etwas, das in einem Stück gewebt oder ohne Nagel, Schraube oder Leim zusammengefügt war.

Als ob der Sündenfall der Menschheit dadurch rückgängig zu machen wäre, daß der einzelne Mensch, der meist gar nicht in der Lage war, Hammer und Nagel zu führen, nun zu Nut und Feder zurückkehrte – welch primitive Heilsgewißheit, nicht unähnlich der, die die Nudisten oder Makrobiotiker predigen, und nicht zufällig zur gleichen Zeit geboren (plusminus Jahrhundertwende), als noch der abwegigste Lebensreformvorschlag – gerade er! – auf ein Echo hoffen durfte. Diese Zeit hatte urige Käuze hervorgebracht, die von anämischeren Fackelträgern abgelöst wurden – eigentlich war es Mitte der Fünfziger nur noch eine Funzel, die sie durch dieses vielgescholtene, jedoch erfreulich unromantische, daseinsbejahende und auf alles Moderne erpichte Jahrzehnt trugen; erst in den Siebzigern sollte das schon fast erloschen geglaubte Licht wieder jäh aufflammen, im Jahrzehnt der Müsli- und Körnerfresser, der Landkommunen und Heimwerker, der Gurus und Grünen.

Nun aber, Ende der Achtziger, steht der Tourist vor der ungenagelten Wartehütte in Nordthailand und tut nach einigen Bedenken und einigem Nachdenken das einzig Richtige: Er setzt sich hinein. Sieh da – sie hält. Er wippt etwas auf den Bambusbrettchen hin und her. Schau an – sie federn. Er blickt um sich und erkennt, daß die ganze Konstruktion soo perfekt ja nun auch wieder nicht ist: Hier und da wurden – sicher ist sicher – sicherlich mehr Bambusverstrebungen eingezogen, als unbedingt nötig gewesen wären. Das hätte sein Werklehrer wahrscheinlich gerügt, denkt der Tourist – er war ja nicht nur darin ein typischer Westler, daß er alles Natürliche sentimentalisierte, sondern auch in seinem Bestreben, selbst die selbst auferlegte Primitivität zu perfektionieren.

Je länger er sich die Bambushütte anschaut, desto sicherer ist der Tourist, daß sein Werklehrer sie doch nicht so besonders

gemocht hätte. In einer Ecke entdeckt er sogar eine Verbindung zweier Bambusrohre, bei welcher statt der sonst spärlich verwandten Binsen eine Plastikschnur benutzt wurde. Frevel! Dem sensiblen Touristen kann eine solche Roheit nur lieb sein: Sie gibt ihm die Sicherheit, daß er seine Freude an dem Wartehäuschen nicht mit dem Werklehrer hätte teilen müssen – und es ist ja leider häufig so, daß geteilte Freude halbe Freude ist, zumal dann, wenn man sie mit einem Idioten teilen muß.
So aber empfindet er doppelte Freude im nordthailändischen Wartehäuschen: Darüber, daß da alles so sinnreich zusammengefügt wurde, nicht aus Protest gegen den Nagel, sondern weil der unnötig teuer gekommen wäre, und darüber, daß er seinen Werklehrer in puncto Sensibilität um Längen geschlagen hat, ist er doch in der Lage, sich nicht nur am Schlichten, sondern auch noch am Schiechen zu erfreuen.

*

Der sensible Tourist, der auf jemanden stößt, der noch weit sensibler ist: Er pinkelt an einem Dschungelbach gedankenlos auf feingeripptes Blattwerk – es sind alles (Zwerg- ?) Mimosen, die angewidert ihre Rispen schließen.

*

Sensibler Tourist und Souvenir: Er macht ja genau dasselbe wie der Neckermann-Tourist. Er kauft irgend etwas Landestypisches in der Hoffnung, ein Schnäppchen zu machen, doch er fühlt auch das gleiche: Was er dem Neckermann-Touristen übelnimmt, ist, daß der gar nichts Landestypisches kauft und gar nicht auf ein Schnäppchen aus ist.

FOLKLORE: DAS EUROPÄISCHE KONZEPT

Chiang Mai: Im Traveller-Treffpunkt gelandet, der eine gar nicht mal verzweifelte, sondern ganz unangestrengte Ähnlichkeit mit dem »Böhmen« in Frankfurt an einem Sommerabend hat. Die gleiche Klientel, das gleiche rustikale Mobiliar, eine vergleichbar schlechte Küche.

Da hocken sie nun, Typen, die die Zeit haben stillstehen lassen: Obzwar irgendwelche 25–30 Jahre alt, laufen sie im Original-Aufzug der Mittsechziger bzw. Frühsiebziger herum, hippiemäßige Traveller in lappigen Hosen mit schlaffen Beuteln über der nackten Schulter. Aber was für Haare! Und welche Bärte! Als diese Szene hier einriß, wahrscheinlich ab Mitte der 70er, als auch Bali geschafft wurde – ein noch ganz ungeklärter Vorgang, jedenfalls weiß ich nichts darüber –, als das hier losging, muß es die Ur-Traveller gegraust haben. Doch mittlerweile ist alles in Szenen gegliedert, auch das Travellerwesen; irgendwann wird es Bestandteil der dann rundum total zerstörten oder ausgetrockneten Folklore werden, richtiger: deren Ersatz. (Besichtigen Sie die letzten Original-Hippies im Guesthouse Packy – eine etwas blöde Satire, doch keine ganz und gar abwegige.)

*

Es müßte doch mal einen Designer reizen, eine vollständige Folklore zu entwerfen, mit welcher eine folkloreschwache und andenkenbedürftige Reisegegend aufgemöbelt werden könnte – vielleicht eine der Kanarischen Inseln?

*

Das Aka-Dorf – Rache für das Europäische Konzept (überall hingehen, überall reingehen, alles mitnehmen, alles klassifizie-

ren, alles mystifizieren, alles indizieren, alles zum Gegenstand der Phantasie, der Forschung und zu Geld machen).
Das alles kann man natürlich auch weniger pathetisch sagen, aber – Mann Gottes! – warum eigentlich? Können Sie mir das bei allen guten Geistern mal erklären?

*

Ob man den Besuch im Aka-Dorf nun komisch oder monströs findet, jedenfalls ist er es aus zwei Gründen, wegen der Touristen und wegen der Aka. Das ist nun wirklich der totale Wahnsinn – das Sassakdorf auf Lombok war noch Gold dagegen.
Während wir uns auf der Hoppelstraße zum Dorf bewegten, kamen uns ca. sechs Minibusse voller Touristen entgegen, die alle bereits das gesehen hatten, was ich gleich zu sehen kriegen sollte: Einen Haufen fauler, geldgieriger Menschen in Tracht, die entweder lustlos rumhingen oder gnadenlos anmachten.
Ein Gemeinwesen, das nun wirklich nichts zu bieten hatte. Ohne erkennbaren Plan oder formales Geschick standen die Hütten in der Landschaft, die im Hüttenbereich weitgehend aus festgestampftem Lehmboden bestand, worauf Hunde lagen, ihren Herren im Nichtstun in nichts nachstehend.
Wieso glaubt man hierzulande, dem gebildeten Mitteleuropäer einen derart versumpften Gammelstamm anbieten zu können? Einen, der nichts produziert außer Andenken, die wahrscheinlich ebenfalls woanders hergestellt werden? Deshalb: Weil es der gebildete Mitteleuropäer als seinen Bildungsauftrag begreift, überall die Nase reinzustecken. Sich von allem ein eigenes Bild zu verschaffen. Weil er sich auf dem Weg zum Aka-Dorf Forschern wie Humboldt nahe wähnt, und weil er sein Recht darauf, in fremde Hütten zu schauen, daraus ableitet, daß etwas, was der Mitteleuropäer nicht gesehen, beschrieben und klassifiziert hat, auch gar

nicht existiert. (So wurde Amerika 1492 entdeckt und der Komodo-Waran erst 1912.)
Nun aber ereilt den gebildeten Mitteleuropäer die Rache auf breitester Front. Nicht nur, daß er beim Blick in die Aka-Hütte nur noch Dinge zu sehen bekommt, die es auf ihn abgesehen haben: Souvenirs – daß er also nicht mehr Subjekt der ganzen Geschichte ist, sondern Objekt. Das alles wird ihm von einem Stamm zugemutet, der sich auch nicht mehr die geringste Mühe gibt, irgendeiner Vorstellung des Weißen vom Wilden zu entsprechen: Weder ist er fröhlich, noch kunstfertig, noch gastfreundlich, noch mörderisch. Er nutzt ganz einfach die unverhoffte, warscheinlich auch unbegreifliche Konjunktur und schmeißt – nach uns die Sintflut – die Cola-Dosen und Plastikflaschen direkt aus der Hütte dorthin, wo sich bereits die anderen türmen.
Allerdings ist auch hier das Ende abzusehen. Eine derartige Verarschung seines Bildungsauftrags kann sich der gebildete Mitteleuropäer auf Dauer nicht bieten lassen. Irgendwann wird es sich das Aka-Dorf gefallen lassen müssen, unter neuer Leitung, möglicherweise auch in anderer Besetzung, gründlich umgekrempelt zu werden, da sonst keine müde Mark mehr aus den Fremden zu melken sein wird.
Dann wird da ein Dorfältester sein, der die Gäste in Empfang nimmt, eine Jungfrau, die sie bekränzt, und Burschen, die über eine Feuerstätte springen, und erst ganz zum Schluß und unter Hinweis auf die dadurch finanzierte Kulturpflegearbeit – unser Aka-Dorf soll schöner werden – wird das Souvenir ins Spiel gebracht.
Und dann erst werden die Aka ihre Unschuld gänzlich verloren haben, nein: Dann erst werden sie sie verlieren.
Denn ist etwas Unschuldigeres denkbar als die schiere, nackte, unverstellte Berechnung? Noch sind die Aka ehrlich wie

Katzen, sie geben nicht erst vor, dich zu lieben, sondern deuten sofort auf dein Portemonnaie, auf deine Brille, auf deine Kaugummis, auf dein Taschenmesser. Sie wollen nicht dich, sondern etwas von dir haben.
Sie werden lernen müssen, daß man das so nicht macht. Auch der Mitteleuropäer hat ja viel Erfindungsreichtum darauf verwenden müssen, wie er sich am besten in den Besitz des Geldes, der Rohstoffe, der Kunstwerke der Wilden – und schließlich in den der Wilden selber – setzen konnte, ohne daß gleich aufflog, wozu dann Kultur-, Staats- und Religionsraison herhalten mußten. An dieser Bürde hat der weiße Mann schwer zu schleppen gehabt, so schwer, daß der gebildete Mitteleuropäer die Dörfer der letzten Wilden und der Dritten Welt sowieso nur noch schuldgebeugt zu betreten wagt: Nach all dem, was wir ihnen angetan haben, Silvia …
Doch die Raffgier der Stammesmitglieder entsetzt ihn, ohne daß er sich das einzugestehen wagt, noch mehr als die Schandtaten seiner eigenen Vorfahren. Hier komme ich so bald nicht wieder her, schwört er sich im stillen, und nach und nach wird diese Enttäuschung auch laut werden. Dann bleibt den Aka nur noch die Wahl, unehrlich zu werden, und dann werde ich den Jüngeren davon berichten können, daß ich die Aka noch im Zustand paradiesischer Unschuld kennengelernt habe: Sie wollten damals nicht nur dein Geld – sie haben das auch noch gezeigt!

SCHÖNHEIT, HÄSSLICHKEIT

Wirklich schöne, unbekannte Sachen gesehen. Einen nicht enden wollenden Morgen – like the first morning –, Hochnebel in einer Ebene, schattenhafte Bambusgruppen. Dann

Bambuswälder, bewegt und ornamental – wie Girlanden drehen sich die Stämme zum Schluß. Und dann das große, grüne Land hinter dem Goldenen Dreieck – letzteres auch ein Kapitel für sich.

*

Ein Falter – so groß, daß er bereits ein Vogel hätte sein können und wahrscheinlich auch war, taumelte vorbei.

*

Nordthailändische Landschaft: Kein Maler erlöst sie von ihrer Schönheit.
Ich weiß nicht, war's ein Jahrhunderttag?
Schon zehn Stunden auf den Beinen / ich bitt dich / da kriegt man ja langsam / Halluzinationen. / Und zwischen den Mahlzeiten / nichts gegessen. Mein lieber Scholli – / wenn das mal gutgeht.

*

Immer wieder sitzen die Menschen in sehr asiatisch anmutenden Haltungen vor dem Wasserfall, aber sie sind ja auch in Form.

*

Nochmal: Woher rührt eigentlich die vielfach erschreckende und erschreckend durchgängige Häßlichkeit der Westler im Osten? Sie sind größer, gut, aber müssen sie deshalb gleich ungeschlacht wirken?
Wie viel Fleisch sie in ihren Heimatorten in Bewegung gesetzt und ohne Schwierigkeiten über alle Grenzen gebracht haben! Wie viel verbitterte und verbiesterte Individualität in all diesen Gesichtszügen! Indonesier und Thai sind mehr oder weniger

schön, bis hin zur schieren Häßlichkeit, aber noch diese Häßlichkeit ist ganz einfach die größtmögliche Abweichung vom schönen Typus, nicht das ganz Andere, das Gegensätzliche, das in der Konsequenz Monströse.
Während die Westler eine Versammlung von Fehlprägungen zu sein scheinen, deren Original verlorengegangen ist, wenn es denn je existiert hat. Irgendwas stimmt an denen und auf denen nicht, ohne daß auszumachen ist, was denn eigentlich. Der Augenschein legt den Schluß nahe, daß all diese Menschen unglücklich, entwurzelt und vereinsamt sind – würden sie sonst so gedankenverloren durch Straßen trampeln, die gut 15 000 Kilometer von dem offenbar ungastlichen Zuhause entfernt sind?
Das würde die Verbitterung in ihren Zügen, das Flackern in ihrem Blick erklären. Möglicherweise auch das Umäderte ihrer Augen und das Spitze ihrer Nase. Aber all das Fett? All das Fleisch? All diese weißliche, von rötlichen Sommersprossen über und über marmorierte Haut, die auch noch ein Flaum albinohaft hellen Haares verschleiert? Was hat sich die Natur eigentlich dabei gedacht?
Was denkt sich der Weiße dabei, wenn er all seine Weißlichkeit auch noch allüberall entblößt und so durch die leider stets dezent gekleideten Braunen trampelt?
Wer könnte darauf eine Antwort geben, wenn nicht ich, zur Zeit ein ungeschlachter Weißer unter zierlichen Braunen? Und? Gebe ich sie? Ich werde mich hüten!

TIERE, BÄUME

Erstaunlich und erschreckend ist, wie sehr der Mensch überall in den Tropen die Tiere auf Null gebracht hat. Weder in

Indonesien noch in Thailand gibt es Vögel in nennenswerter Zahl, nirgendwo sah ich bemerkenswertere Kleintiere, außer in Reservaten und von Reptilien mal abgesehen.
Da ist eine Fahrt durch Deutschland noch eine Safari – all die Stadtvögel, all diese Raubvögel, all die Hasen und Rehe am Wegesrand und all die überfahrenen Igel auf dem Wege.
Dagegen in den Tropen: Außer überfahrenen Ratten und Schlangen nichts, auch nicht im vielbefahrenen Java, wo ich viele Straßenkilometer machte.
Oder hier in Nordthailand. Großflächig kultivierte oder unberührte Natur, so weit das Auge reicht, doch wo sind die Störche, Reiher, Adler, Geier? Wo überhaupt irgendein Lebewesen außer Menschen und Nutztieren?
(Und wenn dann doch irgendwo wilde Tiere sind, müssen sie sinnlos leiden: Die armen, angeketteten Affen an den Hot Springs, die verendenden Fische im Bassin des China-Restaurants.)
Aber die vielen Schmetterlinge. Ganz, wie es im Dschungelbuche steht.

*

Nur wenig Vögel in diesen Ländern / Das werden du und ich nicht ändern.
Nun muss man nicht alles auf Gedichte hin melken. Auch sind die Tropen reichlich exotisch.

*

Im Yao-Dorf: Ein junges Schwein, das eine junge Ratte frißt.

*

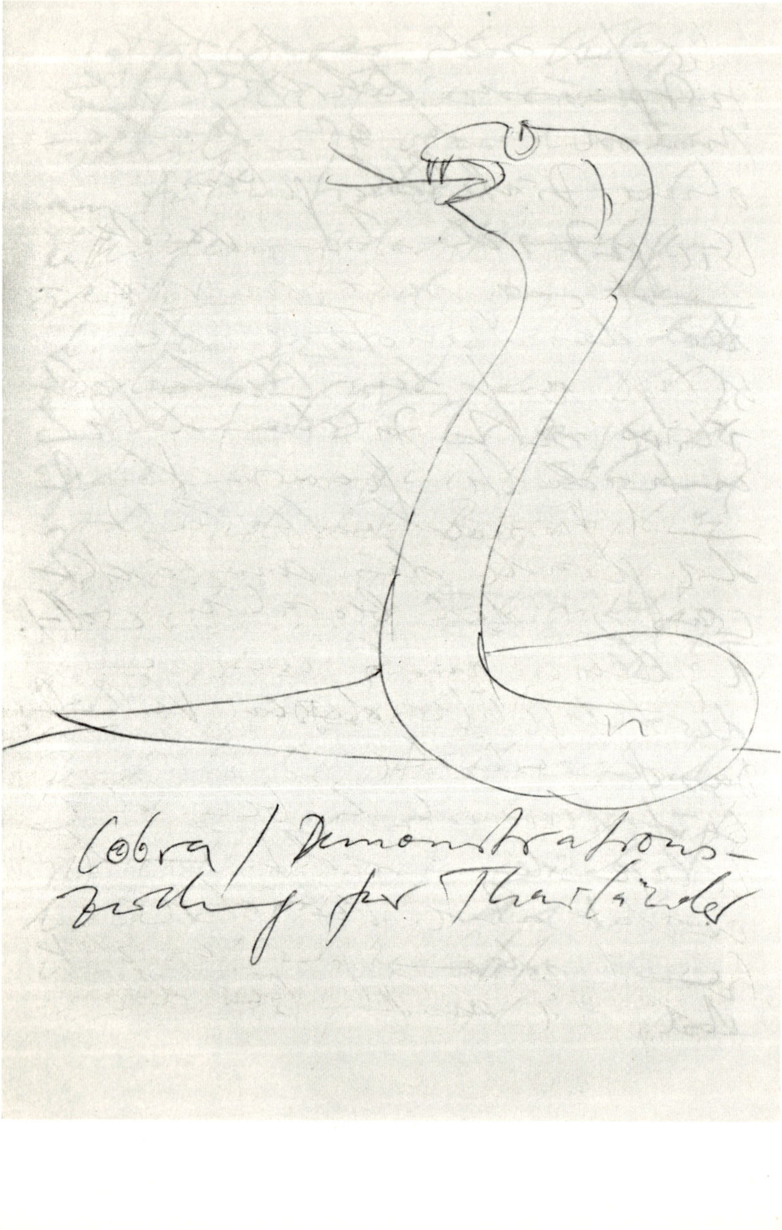
Cobra / Demonstrations-
zeichnung für Thailänder

Die Elefantenshow läuft gut, mit Arbeitern und Pausenclown. »Die haben mehr geboten als die in Ceylon / Die haben nur gefressen / Ja, und getrunken / aus der Babyflasche / Da haben die hier schon mehr geboten / als die in Ceylon / Hast da überhaupt a Dia gmacht / I hab da koan Dia gmacht« (Neckermann-Tourist und Traveller).
Die Elefanten bauen mühsam einen sinnreichen Haufen aus Teakstämmen. Und dann wird einer dazu angehalten, von der anderen Seite das Ganze wieder zum Einsturz zu bringen. Auch nicht so schrecklich intelligent.

*

Der Tropenwald hat etwas eher Hängendes denn Ragendes. Durchgehend ist ein Zug zum Sichneigen und Lasten; Bambus, Lianen und Schmarotzerpflanzen weisen alle nach unten, manchmal paradox in Kaskaden.
Die hellen Stämme der hochgewachsenen Bäume passen sich diesem Trend an. Als ob sie durch ihr Blattwerk im Blattwerk der anderen Bäume verankert wären, scheinen die Stämme nach unten zu drängen, manchmal sogar etwas lustlos und unstraff, wie leichtere Seile, die zu lange aufgerollt waren und nun, entrollt und mit dem einen Ende irgendwo oben befestigt, sogleich dazu imstande wären, pfeilgerade auf den Erdmittelpunkt zu weisen.

KULTURNOTIZEN

Die Thai können in der Tat kein »R« aussprechen: »You have loom foltyfoul« oder »Hello, Mistel!«

*

Der Thai liebt Inschriften und versteht es nicht, Karten zu lesen.

*

Weltweit haben die Menschen jetzt englische Aufschriften.
Eine Thai zum Beispiel: »Not Wictor but Friendship«.
Inschrift in Mae Sa Valley: »Welcome tourists we are proud to serve you.«
(Bei uns ist der Gast noch Opfer.)
Oder:
»Enjoy one of the most world wide wonderful Forests by Elephant Riding and learn the primittive Cultures of the Meo and Karen tribesmen.«

*

Hansel, Wurstel, Trottel, Wicht, Lümmel – der abendländische Intellektuelle hat die Wahl zwischen diesen Rollen.
Rollenverteiler: Der abendländische Intellektuelle, der dem anderen abendländischen Intellektuellen grundsätzlich unterstellt, er sei ein abendländischer Intellektueller und daher per se nicht dazu in der Lage, anders als töricht und kriminell zu reagieren, wenn es darum geht, seine Rolle zu bestimmen.
Frage: Wieso hat die große Anstrengung der europäischen Kulturgeschichte dazu geführt, uns vor uns selber als Trottel dastehen zu lassen?

LAUTE TROPEN

Eine der größten Geißeln der unterentwickelten Länder ist die Möglichkeit, überall schlechte Musik laufen zu lassen: In Vergnügungsparks, Bungalowsiedlungen, Hotelhallen, Flugzeugen – da bereits vor der Landung –, es ist grauenvoll, da es stets der gleiche Musikteppich ist, der da ausgerollt wird – amerikanische Softmusik der schlimmsten Sorte, Typ »Are you lonesome tonight« oder »I beg your pardon« – aber unvergessen ist auch der Indonesien-Pop aus der Wartehalle von Surabaya oder der 5-Sekunden-Dauermedley aus dem Restaurant in Bangkok. Was aus dieser Pandora-Büchse bereits gekrochen ist – und noch kriechen wird –, ist so unsäglich, daß ich ganz einfach die Feder sinken lasse: Sie sträubt sich ohnehin derart, daß aber auch jedes Wort zu …

*

Laut Aussage des Managers wird die Musik lediglich eine Stunde lang, zum Dinner, gespielt. Gott befohlen.

*

Alle Gärtner hier haben Radios laufen. Und alle Jade-Schleifer hören Kassetten.

*

»Traumhaft«, sagte er, »einfach traumhaft. Stellt euch eine weiträumige Gartenanlage in fruchtbarer Gegend vor. In Terrassen zieht sich eine unvorstellbare Vielfalt und Pracht tropischer Blumen und Büsche nach oben, versteckt darin geschmackvolle Bambusbungalows, deren Dächer vor dem die Anlage begrenzenden Regenwald wie die eines Eingeborenendorfes wirken. Und ebenso unauffällig die vielen Thai, die diese Pracht rund um die Uhr pflegen, beschneiden und erneuern – ein Traum, wie gesagt, dieses Mae Sa Valley.«
»Nur?« fragte der Freund mitfühlend. Jetzt mußte es ja wohl kommen.
»Nur … nun ja. Da waren also diese vielen Gärtner, zierliche,

lautlose, schöne Menschen, und Mädchen, die scheu grüßten, wenn man Blick und Wort an sie wandte …«

»Jedoch?« fragte der zweite Freund, der fand, daß sie die Sache jetzt hinter sich bringen sollten.

»Jedoch jeder dieser stillen Menschen hatte ein Radio, einen blechern plärrenden Transistor – und der lief den lieben langen Tag lang, egal wo, ob sie nun gingen, standen oder saßen, hackten, setzten oder schnitten. Freilich, auch dieser Lärm setzte manchmal wie durch ein Wunder aus.«

»Aber dann?«, fragte der erste Freund, der auf einiges gefasst war.

»Dann gab es ja noch die asiatischen Touristen, die diese traumhafte Gartenanlage busladungsweise besuchten, Malaysier, Taiwan-Chinesen, Japaner oder Thailänder – ich kann die nicht so auseinanderhalten. Laut sind sie auf jeden Fall alle.«

»Der Asiate ist laut?« fragte der zweite Freund in geheuchelter Ungläubigkeit.

»Er lärmt. Jedenfalls wenn er rudelweise auftritt. Jedenfalls in dieser traumhaften Anlage, in welcher ich einen Bungalow gemietet hatte, um nach all den ereignisreichen vorangegangenen Wochen so richtig ausspannen zu können.«

»Was nicht ganz einfach gewesen zu sein scheint«, sagte der erste Freund.

»Unmöglich. Denn war der asiatische Tourist schließlich weg – kein Schreien mehr beim Gruppenfoto, keine Brüllchöre beim Essenfassen –, und wenn das Gartenpersonal schließlich seine etwas abgelegenen Behausungen aufgesucht hatte …«

»Dann wird doch wohl nicht eine weitere Lärmquelle die Schleusen geöffnet haben?!« fragte der zweite Freund.

»Du sagst es. Denn dann schaltete der Manager zum Sonnenuntergang die zentrale Musikmaschine an, die von ›Are you lonesome tonight‹ bis ›Writing love letters in the sand‹ zwei Stunden lang ohne Pause das spielte, was mich bereits nach einer Minute leiden macht.«

»Aber dann, dann endlich wird es doch so richtig schön still gewesen sein, dort in der tropischen Bergeinsamkeit?« fragte der erste Freund.

»Dann kamen die Frösche. Nicht zu vergleichen oder zu verwechseln mit deutschen Laubfröschen. Der asiatische Ochsenfrosch meldete sich zu Wort, und was das bedeutet, weiß nur der, der mal versucht hat, in einem Bungalow zu schlafen, der direkt neben einem traditionellen Treffpunkt des asiatischen Ochsenfrosches errichtet worden ist.«

»Kein Schlaf?« fragte der zweite Freund.

»Kein Gedanke daran. Erst im Morgengrauen ...«

»Da bist du dann so richtig eingeratzt?« fragte der erste Freund.

»Nein. Da wurden zwar die Frösche ruhiger, doch dafür donnerten nun die Laster irgendwelcher Militäreinheiten durch das Tal, vermutlich auf dem Wege nach Bangkok, da der König am 8. Dezember Geburtstag hat und das ganze Land sich bereits eine Woche vorher im Zustande einer gewissen Hysterie befand ...«

»So ist es also wahr, daß du in diesem traumhaften tropischen Erholungsparadies rund um die Uhr nicht zur Ruhe gekommen bist?« fragte der erste Freund zufrieden.

»Keine Minute.«

»Mich haben die Tropen eigentlich noch nie gereizt«, sagte der erste Freund behaglich.

Der Erzähler lehnte sich zurück.

»Und trockenen Weißen haben die da auch nicht.«

»Wie?«

»Was?«

»Nochmal drei trockene Franken.«

LETZTE KÄMPFE

Heute vor einem Monat bin ich von Frankfurt aufgebrochen. Unterm Strich sicherlich der anregendste und vollgepackteste Monat der letzten Jahre. Jawohl.

*

Über Reisen läßt sich schwerlich anders als im humoristischen Stil schreiben, da den Vergnügungsreisen eine humoristische Struktur zugrunde liegt: Das größte Glück, das einen ereilen kann, ist eine Reisebekanntschaft und das größte Unglück ein verpaßter Anschluß. Unfälle und Leidenschaften passen kaum in diesen Rahmen, und meist kommen die Leute ja auch auf dem Weg zur Arbeit um und lernen ihre große Liebe nach Dienstschluß kennen.

*

Aus einem Thailand-Roman:
An diesem Abend brach ich gewiß den Rekord im Leeren von kleinen Klosterbierflaschen – sofern im Mae Sa Valley jemals bereits einer aufgestellt worden war. Die Thais an den umliegenden Tischen lachten, und ich prostete arglos zurück. Noch wußte ich ja nicht, was der nächste Morgen bringen sollte. Mai Tai saß neben mir und lächelte so betörend zu mir herauf, daß ich die ganze Welt hätte umarmen können.

*

Das hab ich auch noch nie gehabt: Beim Zeichnen und Schreiben ist mir der Schwanz eingeschlafen.

*

Offenbar sitze ich in einem Lokal, das auch von »Diethelm Tours« frequentiert wird. Und das mir, dem sensiblen Touristen.

*

Noch einmal eine Nacht gegen die Natur gekämpft, diesmal die Frösche. Noch einmal kräftig gelinkt worden, noch einmal das Schwanken – will ich das ahnden? Noch einmal den Raum gewechselt, noch einmal Continental breakfast, noch einmal am Rande der Krankheit.
Nun lassen die Widerstandskräfte schon deutlich nach, und der Wunsch nach einem Leben ohne Kampf wird immer übermächtiger. Dabei ist es ja gerade dieser Kampf, der das Leben des Reisenden so entlastet – wer nicht weiß, wo er nächste Nacht unterkommt und wer ihn als nächster hochnimmt, dem erscheinen die Hauptsorgen, vor denen er von zu Hause geflohen ist, als sekundär – und recht hat er. Seine Beziehungskrise ist bereits so alt, daß sie ruhig noch einen Monat, ja ein Jahr älter werden kann – doch das Problem, wo unterkommen, duldet keinen Aufschub, wenn er das nicht 100-prozentig löst, wird er die Nacht auf der Straße verbringen müssen, und wer will das schon!

DAS WAR'S

Dem Gefühl »Das ist es« folgt unausweichlich irgendwann ein »Das war's«, und das war's in der Regel dann auch. Alle Erwartungen, die ich jemals an das Abenteuer »Reisen« gestellt hatte, wurden in dem Augenblick erfüllt, als ich 1958, mit dem Schiff von Brindisi kommend, die griechische Küste sah und nach und nach begriff, daß die kaum erkennbare Ansammlung von Häusern vor dem karstigen Gebirge die angesteuerte Hafenstadt Igoumenitsa war, wo wir landen sollten und von wo aus wir mit einer Schrottlambretta über das Gebirge ins griechische Inland vorzustoßen uns vorgenommen hatten – angeblich gab es da befahrbare Straßen, so ganz sicher waren sich selbst die Karten nicht.

Doch war es eines gewesen, das Abenteuer mit dem Finger auf gestrichelten Straßen vorwegzunehmen – gestrichelt gleich »schlechter Zustand« – und ein anderes, ihm leibhaftig gegenüberzustehen, diesem sich stetig nähernden Gebilde, das man doch unmöglich als Stadt bezeichnen, und diesem Gebirgszug, den man doch auf keine ersichtliche Weise überqueren konnte. Materialisiert sich das Abenteuer dann ganz und gar, gerinnt es, da doch nicht ganz so abenteuerlich, zur Anekdote – doch an jenem Tag wurden mir noch zwei andere »Das ist es!«-Erleuchtungen zuteil, die bis auf den heutigen Tag alles überstrahlen, was ich seither gesehen habe, als glorreiches Inbild von fremder, doch zugleich zutiefst vertrauter Landschaft und befremdlicher, doch unwiderstehlich anlockender Stadt. Demnächst, in einem anderen Heft.

* * *

»Bangkok: Exotische Hauptstadt Thailands. Prunkvolle Tempelanlagen, knatternde TucTucs, verstopfte Straßen, buddhistische Mönche, duftende Märkte, moderne Einkaufszentren – all das gehört zum Stadtbild der faszinierenden Metropole.« (TUI-Werbung 1995)

»Unheimlich aufgeräumt«

Südafrika 1990

Johannesburg
Flughafen
Freitag, den 13.

UNHEIMLICH AUFGERÄUMT

In Johannesburg ist Winter, bei der Ankunft weht ein starker Wind, die Temperatur beträgt 5 Grad, ich wechsle sofort die Kleidung: Socken, Pullover. Alle (fast alle) Schwarzen haben Pudelmützen auf, viele haben Schals und Decken umgewikkelt.
Um 17.30 geht die Sonne unter, dann ist die Stimmung sehr winterlich.
Die Stadt irritiert in mehrfacher Hinsicht: In den 60ern muß das Zentrum weitgehend abgerissen worden sein, an die Stelle der ganz schönen Bauten aus den 20ern und 30ern trat der Kasten in unterschiedlicher Höhe und gleichbleibender Sturheit – wieso dieses so umfassende Zerstörungswerk?
Der unheimliche Eindruck, den Johannesburg nach Einbruch der Dunkelheit macht: Alles ist dunkel. Die Straßen des Zentrums sind kaum beleuchtet, die Geschäfte gar nicht, wenige Autos, kaum Fußgänger. Alles wirkt tot bzw. so, daß die Vorstellung, da unten eine der schnurgeraden Straßen zu dieser Nachtzeit entlanggehen zu müssen, einen Anflug von Todesangst erzeugt.

*

Was an Johannesburg zusätzlich irritiert: Einige jener Signale, die auf ein tendenziell verrottetes, gefährliches Gemeinwesen schließen lassen, fehlen – deutliche Zerstörungen von Sachen, Einrichtungen, Pflanzenanlagen. Auch liegt kein Müll herum, stehen da keine abgewrackten, ausgeschlachteten Autos, gibt es keine verfallenen Häuser. Alles ist viel aufgeräumter als in vergleichbaren Städten der 3. Welt, in Kingston oder Jakarta – und doch ist der Wurm drin, jedenfalls für Weiße.

*

Wir sitzen Tisch an Tisch mit einem schniefenden, prustenden Betrunkenen, der auf eine Frau einredet.
Schließlich steht er auf, spricht uns an, er habe gehört, wir seien Deutsche. Er habe heute seine Wohnung aufgelöst, gehe zurück nach Deutschland, nach 21 Jahren Südafrika. Dies Land habe keine Zukunft.
Er habe für AEG gearbeitet, eine gute Zeit gehabt, aber jetzt – nur noch Schwarze, die würden das Land übernehmen, und dann? No production, total employment, der Niedergang.
Er spricht Deutsch mit sächsischem Einschlag und englischen Einsprengseln. Er habe in der DDR gesessen, wegen Spionage, dann, freigekauft, habe ihm eine Frau beim Tanzen bedeutet, wer so rede wie er, sei kein Deutscher. Da habe es für ihn kein Halten mehr gegeben: Südafrika. Und jetzt, nach 21 Jahren …
Dann kommt es ihm hoch, er kotzt, die Frau führt ihn ab.

*

Der Fahrer, der uns zum Flughafen bringt: »Die Schwarzen sind auf einer anderen Entwicklungsstufe. Man kann denen geben, was man will, Auto, Geländewagen, Kran – nach einem Tag ist die Maschine kaputt.«
Ich: »Aber unser Busfahrer war Schwarzer und ist gut gefahren.«
Der Fahrer: »Man darf nicht generalisieren – ich würde nie generalisieren.«

»Den Tieren Noten geben«

Botswana 1990

An dieser Wasserstelle haben
um 620 drei
(kann ich nicht glauben)

WAS BEIM REISEN SCHÖN IST

Dieser kurzfristige Jungbrunnen, wenn man in bisher fremder biologischer, zoologischer, sozialer oder architektonischer Umgebung eintrifft – vorausgesetzt, diese Umgebungen geben angenehme Rätsel auf und konfrontieren nicht mit Fragen nach den Ursachen irgendeines Verfalls.
Da sieht man also das erste Mal einen Glanzstar und begeistert sich über so viel Schönheit, von der man nicht weiß, ob sie rar oder häufig, nur, daß sie herausragend ist. Einen Tag später ist diese Unschuld dahin: Man hat bereits viele Glanzstare gesehen, weiß mittlerweile auch die deutsche sowie die englische Bezeichnung für das Tier und blickt bei der Ausfahrt kaum auf, wenn eine Kolonie dieser Vögel auffliegt. Denn inzwischen hat man den Zimtroller gesehen, man weiß, daß der viel seltener und schöner ist, schon verblaßt der Glanzstar von Tag zu Tag mehr, bis man ihm sowenig Aufmerksamkeit schenken wird wie der Amsel im heimischen Garten.

*

Beim Reisen / Kennenlernen von Unbekanntem erfolgt das Wahrnehmen in drei Schritten. Zuerst wird das allgemein Fremde bemerkt: Dieser Vogel ist ganz anders als alle Vögel, die ich kenne. Dann bemerkt man das, was dieser Vogel im Grunde doch mit einer Art / einer Verhaltensweise gemein hat: Die da sind ja eigentlich Kiebitze / der da nimmt Nahrung auf wie ein Star. Drittens schließlich wird man instand gesetzt, Unterschiede wahrzunehmen, die das eine Tier einer bisher unbekannten, mittlerweile vertrauten Art von dem Artgenossen unterscheidet: Größe, Pracht, Eigenheiten etc. (Gilt auch für Menschengeschaffenes wie Kleidung, Häuser etc.)

CHASING THE CHEETAH

Die erste Safari (Reservat Moremi) beginnt schleppend, mit langem, vergeblichem Insgeländestarren. Dann allerdings geht es Schlag auf Schlag, bis hin zu einer Mischung von Zebra, Impala, Affe und Warzenschwein bzw. dem Arrangement Kleinkranich, Schlangenhalsvogel, Afrikanischer Löffler und Krokodil (4 Meter). Überhaupt lebt die Landschaft je länger je mehr.

*

Der schwarze Guide: Warum haben die (braunen) Waterbucks so eine runde weiße Hinternfläche? Weil sie zu lange auf dem Klo gesessen haben.

*

Hippos sind nachtaktiv – sehr ineffiziente Tiere, da sie nur einen Magen haben, tagsüber verdauen und die ganze Nacht über grasen müssen.
Abends kommt eines an Land und grast den Wasserlauf entlang, ohne sich um die Leute zu kümmern, allerdings mit Abstand. Nachts kommen sie bis zu den Hütten.

*

Der Guide hat die letzte Büffelherde vor zwei Monaten gesehen: »You are lucky.«
Die Südafrikanerin: Impalas seien so häufig, daß man sie gar nicht mehr wahrnehme.

»Was ist denn selten?«
»Säbelantilope.«

*

Am zweiten Tag bereits kann ich die wichtigsten Vögel mit Namen nennen, Litschi und Impala auseinanderhalten.
Nachts das Gebrüll von Löwen, das Geschrei der Hyänen, der Krach der Nilpferde (Schnauben, Grunzen). Tagsüber freilich überwiegt relativ ordinäres Gegurre von Tauben.

*

Dann ist es doch wieder sehr wie in Kanada: Der Fahrer sieht zwei Fahrzeuge in der Landschaft und schließt sich an. Cheetahs sind im Gelände, bald sehen wir sie auch, ein Paar, das mäßig genervt nach einem Ruheplatz sucht und dabei durch die ständig sich mehrenden, stets um die beste Fotoposition bemühten Fahrer und ihre Wagen gestört werden. (Auch durch die Touristen, die Wünsche äußern.) Unser Fahrer hat ein gutes Gespür für die möglichen Bewegungen der Tiere, so sehen wir sie immer wieder, wie sie sich hinlegen und wieder aufbrechen, da Wagen ins Unterholz einbrechen.
Aber es muß sein, es geht um die Trophäe, die in diesem Fall das Foto ist. Schließlich, als alle anderen Fahrer die Geduld verloren haben, sind wir die einzigen. Sehr lange verharren wir, während die Geparden ihren Mittagsschlaf bzw. die Vorstufe nehmen, ein recht magischer Anblick, der langsam, aber sicher langweilig wird. Einer meiner Knabenwunschträume: Ein Großraubtier zu sehen. Nun, da es soweit ist, sind die Umstände derart, daß der Gepard nicht die Gefühle erregen kann, die seinerzeit der Iltis am Badiasee bei mir auslöste, jene tiefe Freude darüber, daß es Lebensformen gibt, die von uns Menschen unabhängig ablaufen, wenn auch nicht von uns un-

bemerkt, sonst wüßten wir ja nichts von ihnen. (Und vielleicht war die Freude über das Treiben des Iltis dadurch ausgelöst, daß der nicht wußte, daß ich ihn sah – ich war praktisch Gott. In der Savanne bemerkt jedes Tier unsere Anwesenheit, kümmert sich jedoch nur wenig darum, zumindest dann, wenn es ein Weidetier ist. Und der Cheetah fühlte sich regelrecht belästigt.)

*

Den Tieren Noten geben.
Impala 2+: Zwar häufig, jedoch stets schön, nicht zu aufdringlich, aktiv, leichte Sprünge.
Warzenschwein: Gut, aktiv, aktivierend.
Giraffe: Sehr dekorativ.

*

Die Gespräche: Wir waren dreimal unterwegs, wir hatten immer Löwen.
(Was wäre, wenn auch Museen so funktionierten, wenn Bilder von Saal zu Saal getragen würden und die Besucher hinterherrennen müßten?)

*

Lager und Lagerspezialitäten.
Khwai: Die grasenden Hippos. Santawani: Die Affen. Savuti: Elefanten und Affen im Lager.
Man wird vorbereitet: In Savuti gibt es eine Hyäne mit Jungen – die steht also bereits auf dem Zettel.

*

Heute, Vormittagssafari: Waterbucks, Gnus, Impala, Litschi, Kudu, Tsetsebe, Zebra, Elefant, Hippo, Dachs, Cheetah, Meerkatzen, Paviane, Giraffen, Warzenschwein.
Affen, die den Gepard schimpfen.
Der Taubenruf: Du brummdummer Kudu.

*

Der Guide: Ein Flußbuschmann, hochgewachsen. Er kann Spuren lesen und Tierstimmen nachahmen. Die südafrikanische Touristin bittet ihn, einen Kuckuck (cuckoo) zu machen, sein »cuckoo« unterscheidet sich nicht von ihrer Aussprache. Doch den Ruf des Schreiseeadlers trifft er so gut, daß der antwortet.

*

Die große Freude des Buschmannes über meine Affenzeichnung – er muß vor Lachen ins Gebüsch treten und klatscht in die Hände. Anschließend ahmt er immer noch lachend die Handhaltung des Affen nach.

*

Ich zeige dem Buschmann die Zeichnung, die ihn zeigt, wie er den Affen, den ich gezeichnet habe, nachmacht. Er rennt lachend davon, eine Südafrikanerin sagt: You really made his day.

*

Tiere sind tendenziell langweilig, Weidetiere naturgemäß langweiliger als Raubtiere.
Der Tierbeobachter will daher nicht lediglich Tiere sehen, sondern Tiere in Ausnahmesituationen. Wie sie gezeugt, geboren, getötet oder gefressen werden. Bzw.: Wie sie kämpfen oder spielen. Beliebt sind daher kleine (Baby-)Tiere und aggressiv-aktive.
Das Fernsehen hat eindeutig Maßstäbe gesetzt: Da wird man andauernd mit Seltenem, Dramatischem oder unerwartet Sinnreichem konfrontiert. Wie anders in der Natur: Da stehen die Tiere rum, gucken, fressen. Im Fernsehen gucken sie so gut wie nie, aber die Menschen in den Filmen ja auch nicht.
(Vgl. die Indianer am Amazonas, die dabei gefilmt worden sind, wie sie beratschlagen, ob sie sich filmen lassen wollen.)

*

Auf der Decke: Ein Kafferbüffel. An der Wand: Ein Löwe. Auf dem Tablett: Ein Leopard – drei der Big Five sind bereits im Zimmer.
(Big 5: Elefant, Rhino, Löwe, Leopard, Büffel.)

*

Das ist mein Afrique
So wie ich es liebe
Lauter wilde Tiere
Keines tut mir weh

Alle rufen: Robert
Du hast uns erobert
Du bist unsre Freude
Schön dich hier zu sehn

So wie ich es schätze
Lauter wilde Tiere
Alle haben mich lieb
Alle rufen: Schön, daß es dich gibt!

GAMETRACKER-GESCHICHTEN

Einer immer besser als der andere:
»Wir haben gesehen, wie ein Cheetah versuchte, einen Impala zu kriegen.«
»Wir haben einen Serval eine Kobra töten sehen.«
»Wir sahen in einer Astgabel einen toten Pavian, kurz darauf jagte die Pavianherde den Leoparden, sie hatte ihm bereits ein Stück aus der Schulter gefressen.«
Es sei sowieso ein Mythos, daß Leoparden Paviane fräßen, fiel der Engländer ein. Vielleicht junge, die hinterm Rudel hertrödelten, aber doch nicht große. Die hätten Zähne, so lang wie ein Löwe, und seien für den Leoparden hochgefährlich. In Savuti hätten sie einen toten Leoparden gefunden, dem hätte ein Pavian den Hinterkopf aufgebissen.
Szenen, wie sie der Tourist gern sehen würde.

*

Der berühmte Elefant von Savuti wurde erschossen, da er das Auto des Direktors beschädigt hatte.

*

»In einer mondhellen Nacht in Afrika an einem Wasserloch zu sitzen, in welchem fünf Elefanten ganz ruhig spielen – das ist Romantik« (Michael, der Campleiter).

»In Savuti werden Sie Elefanten lieben lernen, das ist eine ganz eigene Spezies.«
Über die Affen wird einhellig schlecht geredet: Destruktiv, falsch etc. Man darf sie nicht schießen, und sie wissen das. Michael habe sich damit beholfen, sie mit Gummihämmern zu bewerfen, ohne viel Erfolg.

*

Im Krüger Park tötet man Elefanten nicht per Schuß, sondern per langsam wirkender Einschläferungspatrone: Der Elefant stirbt in der Herde, die betrauert ihn und trägt kein Trauma davon. Innerhalb von Stunden wird darauf der Kadaver zerteilt und verwertet (canned) – die Einnahmen kommen dem Elefantenrettungsprogramm zugute.

*

Die Wagen würden nun auch mit Funk ausgerüstet. Dessen Einsatz sei jedoch so eine Sache, es sei wenig sinnvoll, die Wagen auf ein Tier zu lenken (dort und dort sind Löwen). Auch seien Gespräche in der Savanne unschön.
Der Amerikaner: Er habe miterlebt, wie Löwen eine Impala-Herde beobachtet hätten. Ob man die nicht mit zwei Wagen langsam auf die Löwen hätte zutreiben können …
Michael: »Das ist absolut untragbar.«
Die Filme verdürben die Sehgewohnheiten. Ein Film über Meerkatzen beginne damit, daß der Filmer sich ein halbes Jahr lang mit den Meerkatzen bekannt mache, so lange, bis sie sich in seiner Gegenwart natürlich benähmen.
Die Amerikanerin besteht darauf, daß in der Natur was los sein müsse, sie sei von weit her gekommen, sie habe viel Geld bezahlt, nun wolle sie was sehen.
Die Situation ist in der Tat seltsam: Game-Driving ist eine Mi-

schung aus Museums- respektive Zoobesuch und Jagd. Vom Unerwarteten wird erwartet, daß es zuverlässig eintrifft, vom Spektakulären, daß es die Regel ist.

*

Stets wird von den Elefanten erzählt, die Savuti South abends besuchen – da, auf dem Wege dorthin, erfahre ich von Touristen, gegen die Elefanten sei ein Zaun errichtet worden. Noch während des Fluges die nächste Information: Die Elefanten hätten den Zaun durchbrochen, einen mit 2000 Volt geladenen Draht. Ein Fachmann: Gegen Elefanten helfen nur 9000 Volt.

Abends kommt ein Elefant während des Dinners vorbei, nachts hört man es schnaufen und rütteln, morgens sind da direkt vor dem Zelt die Spuren im staubfeinen Sand.

*

Der Barmann von Xaxaba sei von einem Krokodil gefressen worden. Der Koch von Santawani von einer alten zahnlosen Löwin. Ein halbgelähmter Angestellter des Camps habe einen Schock durch angreifende Büffel davongetragen.

*

1953 hat die Britische Verwaltung des Protektorats Botswana die letzte Lizenz ausgegeben, einen Buschmann zu schießen. Neben einer Löwen-Lizenz.

WILD DOGS

Drei Wildhunde, denen 20 Menschen in drei Landrovern folgen. Die drei Hunde reißen ein Impala, der Todesschrei lockt

zwei Wagen, drei Hyänen und einen Schakal an. Die erste Hyäne jagt den Hunden die Beute ab, die rennen kurz hinterher, geben dann auf, fressen, was ihnen geblieben ist, und machen weiter. Als letztes erscheint eine unheimlich große Hyäne. Die Jagd der drei Hunde hat also insgesamt 24 Lebewesen so oder so auf Trab gehalten und ihnen Nahrung gegeben und 1 Tier das Leben gekostet – eigentlich ein sauberes Verhältnis. Die Geschäftigkeit, mit der die Wild Dogs ihr Ding machten, die Unbeirrtheit und Unberührtheit auch der anderen Tiere, der Hyänen und des Schakals.
Die Amerikanerin: »That was fun.«

*

Campleiter Julian: »Der Landrover ist das dominanteste Tier in der Savanne.«

RETTET DEN SOMALI-NACKTMULL

Am Abend trinken zwei Hippos aus der Tränke, an der morgens die Löwen, mittags Vögel und Hörnchen waren.

*

Die Grauschnabeltokos können Brot aus der Luft fangen, die Gelbschnabeltokos nicht.
Die Grauschnabeltokos haben eine ökologische Nische besetzt: das in die Luft geworfene Brot.

*

Morgenausfahrt:
Elefant. 10 Giraffen in kleineren Gruppen. Elefantenherde. 12 Löwinnen und Junglöwen. Impala. Sassaby. Gnu. War-

zenschwein. Buschbock. Waterbuck. Kudurudel (7 weiblich, 1 Bock, 1 Jungbock). 2 Schakale. 1 Honigdachs. 1 Strauß (oder mehr). Sekretär. Ohrengeier. Weißrückengeier. Zimtroller. Frankolin. Rotrückenfalke. Seeschreiadler. Pavian.
Wenn gar nichts los ist, wird die Aufmerksamkeit auch mal auf die dunkelrückige Feldlerche gelenkt.

*

Mamba-Geschichten:
Wenn eine Schwarze Mamba dich beißt, dann zünde eine letzte Zigarette an und setze dich in den Schatten, weil es nicht schön ist, in der Sonne zu sterben.

*

L. sagt: »Das deutsche Beamtenrecht ist die verbesserte Form des Buschmannslebens.«

*

Sie: »Und wo ist unser Dingens ... (meint: Taschenlampe) ... das muß man in Greifweite ...«
Er (korrigierend): »Du meinst wohl Griffnähe.«

*

Der Game Operator will nicht mehr – er hat den Job seit fünf Jahren gemacht. Davor hat er für den militärischen Informationsdienst in Südafrika gearbeitet, in Namibia und Angola. Er hat Politische Wissenschaften studiert, an Elefantendezimierungsprogrammen in Zimbabwe teilgenommen und Buschmänner betreut. Sein Hobby sind Vögel, er führt stets den Brief eines Indianerhäuptlings an den amerikanischen Präsidenten mit sich – im Vogelbestimmungsbuch.

*

Von liebenswerten und weniger liebenswerten Tieren: Das »Rettet-den-Somali-Nacktmull-Programm«.

*

Schlechtes Elefantenmanagement: Wenn man den Wilderern nicht Einhalt gebieten kann. Das Elfenbeinverbot sei eine politische Entscheidung: Auf diese Weise sei ein Schwarzmarkt mit horrenden Elfenbeinpreisen entstanden.

*

Im Krüger Park: 22 Leute in vier Autos um einen stilliegenden Löwen. Wir: 6 Leute auf 12 Löwen – das Löwenverhältnis.

*

Wir sehen einen Schakal, bald darauf einen zweiten. Ich: »Dr. Jackal und Mr. Hyde« – ein Wortspiel, das voll einschlägt und so dumm ja auch nicht ist, da Schakale wirklich relativ heimliche und verborgene Tiere sind.

*

Xaxaba: Abends klappt die Fischadler-Show nicht, das Tier hat sich kurz vor der Fütterung vor aller Augen einen Fisch aus dem Wasser geholt; das Paar verschmäht es, auf den Baum an der Fish Eagle Bar zu kommen, von der aus das Spektakel normalerweise gesteuert wird.

*

Am Vormittag werden wir ohne weitere Gäste zur Juku-Juku-Insel gefahren, dort kommen wir nach längerem Fußmarsch an einen See, der nochmals alle Vorzüge der letzten Tage zusammenfasst: Um kristallklares Wasser erstrecken sich frischgrüne Wiesen, auf denen breit hingezogen Tiere grasen,

Impala, Litschi, Tsetsebe und Gnus. Und dann entdeckt der Führer durch das Fernglas noch einen Geparden, der etwas zurückgezogen die Szenerie betrachtet, sich dann erhebt und aufs Wasser zugeht, gefolgt von einem weiteren Geparden, deren Wege sich jetzt kurz trennen, so daß der eine nun sonnenbeschienen daherschreitet, der andere im Gegenlicht.
Derweil bleiben die Weidetiere unverändert, und auch die Geparden machen keine Anstalten, irgend etwas zu verändern oder für Unruhe zu sorgen. Sie begeben sich zu einem Hügelchen, das von einem Baum beschattet wird, und lassen sich dort nieder.
Wir verfolgen die Szene im Fernglas; die Tiere waren, je näher sie kamen, auch mit bloßem Auge zu sehen.
Dazu – dahinein – flogen noch zwei Klunkerkraniche, die am Seeufer landeten, ihren Geschäften nachgingen und wieder aufstiegen.
Wir waren die einzigen Menschen, die all das betrachteten, und es war gut zu wissen, daß wir niemanden bei seinen Verrichtungen gestört oder auch nur beeinträchtigt hatten. Als wir zurückkehren, liegt frischer Zebradung auf dem Weg, bei unserer Ankunft bereits hatte der Guide auf anderen Dung gewiesen und gesagt: Buffalo, pretty fresh, yesterday evening. Außerdem gab es frische Elefantenspuren, Warzenschwein- und Schakallosung.
Auf der Rückfahrt nochmals Wasservögel, mehr als je zuvor: Sporngänse, Zwergenten, Kormorane, Dommeln, Silberreiher, Kraniche, Eisvögel – so als sollte nochmals alles aufgeboten werden, selbst ein größerer Leguan war mit von der Partie.

*

Die Deutschen in Xaxaba: »Billig ist es ja nicht, aber die Organisation ist sagenhaft. Wir haben einen Freund in München, der hat uns gesagt – und der fährt jedes Jahr nach Afrika: Wenn ihr einmal auf Fotosafari wollt, dann kommt nur Gametrackers in Frage.«

*

Sun Tours wird bestreikt: »Down with starvation wages and racist bosses. Support our struggle.« Unter Gesängen wird ein Taxi am Abfahren gehindert: Sitzaktion, ritualisierte Gesten, Körper und Worte signalisieren Widerstand. »Gefahr«, sagt der Hotelangestellte: »They are dangerous, they will attack you, they can kill you.«

*

Gestern, der deutsche Geschäftsmann im Sushi-Restaurant: Ein Ingenieur eines der Betriebe, mit denen er zusammenarbeitet, sei eines Abends in seinem Betrieb nochmals zu einer Arbeitsstätte zurückgegangen, weil er etwas überprüfen wollte. »Und der Mann ist nie wieder aufgetaucht, nie wieder!«

*

Am Botswana-Air-Schalter. Die Angestellte schaut auf das Passfoto und auf mich und sagt: »You've improved with the years.«

ANMERKUNGEN

Der literarische Ertrag der Reisen Robert Gernhardts findet sich, direkt oder vermittelt, vor allem in seiner Lyrik (*Gesammelte Gedichte 1954–2006*, Frankfurt am Main 2008). Seine Erfahrungen in Italien, vorwiegend in seiner Zweitheimat Toskana, sind in das Schauspiel *Die Toscana-Therapie* sowie in zahlreiche Prosaarbeiten eingegangen; der Band *Toscana mia* (Frankfurt am Main 2011) versammelt die dazugehörigen Brunnenheft-Notate. Die Erlebnisse an Sardiniens Costa Smeralda führten zu der Erzählung »Bei den Reichen« im Band *Denken wir uns* (Frankfurt am Main 2007); die in den Reisenotizen enthaltenen Kunstbetrachtungen haben die Texte der Sammlung *Der letzte Zeichner* (Zürich 1999 und Frankfurt am Main 2006) beeinflusst. Im Kontext der außereuropäischen Reisen entstanden die folgenden Publikationen:

Botswana

Die Reise war durch einen Auftrag des ZEIT-Magazins veranlasst. Der Reportagetext »Die Savanne ist voll« erschien dortselbst in Nr. 40 (1990). (Überarbeitete Fassung in: *Über alles*, Zürich 1994 und Frankfurt am Main 1996, 2012)

Brasilien

Auch hier war Robert Gernhardt als Reporter unterwegs. Der Text »Vater der Ströme: Amazonas« erschien im FAZ-Magazin Nr. 783 (1995) und in *Wenn schöne Frauen morgens sich erheben: Ein Lesebuch mit Bildern*, hrsg. v. Johannes Möller, mit Bildern von Rudi Hurzelmeier, Frankfurt am Main 2012.

Indonesien
Anlass der Reise war ein Verwandtenbesuch. Danach entstand die Erzählung »Komodo oder Erloschene Konten« (in: *Lug und Trug. Drei exemplarische Erzählungen.* Zürich 1991 und Frankfurt am Main 2003, 2012).

Kanada
Die privat veranlasste Reise fand ihren Niederschlag in der Erzählung »Blanket Creek oder Verwilderte Wünsche« (in: *Lug und Trug. Drei exemplarische Erzählungen.* Zürich 1991 und Frankfurt am Main 2003, 2012).

Jamaika
Anlass der Reise waren die Dreharbeiten zum Kinodebüt von Otto Waalkes *(Otto – Der Film)*, bei dem Robert Gernhardt, Bernd Eilert und Peter Knorr als Drehbuchautoren firmierten. Anschließend entstand die Erzählung »Traumparty auf der Trauminsel« (in: *Kippfigur*, Zürich 1986 und Frankfurt am Main 2004).

USA
Gernhardts Aufenthalte in Florida waren durch die Zusammenarbeit mit Otto Waalkes bedingt, der dort seinen Zweitwohnsitz hatte. Eine literarische Ausbeute ist der Text »Versucht vor Florida«, erschienen in *Der Rabe* Nr. 39 (1994), in *Meer von Robert Gernhardt* (Hamburg 2002) und *Da: Das Meer! Das maritime Œuvre der Neuen Frankfurter Schule* (Hamburg 2003) sowie leicht ergänzt in *Denken wir uns. Erzählungen* (Frankfurt am Main 2007).

INHALT

Robert Gernhardt
bei
Fischer Klassik

Über alles
Ein Lese- und Bilderbuch
Band 90452

Lichte Gedichte
Band 90450

Lug und Trug
Drei exemplarische Erzählungen
Band 90449

Was das Gedicht alles kann: Alles
Texte zur Poetik
Herausgegeben von Lutz Hagestedt
und Johannes Möller
Band 90451

Toscana mia
Herausgegeben von
Kristina Maidt-Zinke
Band 90516

Fischer Taschenbuch Verlag

fi 555 124 / 2